MADAME H.

Ignaz Günther, La Muse Clio écrivant l'histoire, *1763.*
Wallraf-Richartz Museum & Fondation Corboud, Cologne.
Photo © Rheinisches Bildarchive Köln.

RÉGIS DEBRAY

de l'Académie Goncourt

Madame H.

nrf

GALLIMARD

L'histoire entre nos doigts file à telle vitesse
Que devant ce qui fut demain dira Qu'était-ce
Oublieux des refrains où notre cœur s'est plu
Comment s'habituer à ce qui nous dépasse
Nous avons appelé notre cage l'espace
Mais déjà ses barreaux ne nous contiennent plus.

ARAGON
« La nuit de Moscou ».

I

Ce fut par un beau dimanche d'été, de tôt matin. Après avoir atterri au Bourget, le chancelier faisait le tour d'un Paris désert, vidangé par l'exode, toute circulation interdite. Un imper blanc jusqu'aux chevilles, dans une Mercedes noire décapotée, encadrée par deux voitures de protection. Un tour-opérateur n'aurait pas fait mieux : Opéra, Étoile, Trocadéro, Invalides, Sacré-Cœur. Le Führer, debout sur ce qui ne s'appelait pas encore le parvis des droits de l'homme, accoudé au muret, sur fond de tour Eiffel, c'est un chromo connu de tous. En réalité, c'est à l'Opéra que s'est d'abord rendu l'admirateur de Wagner, où il a passé le plus clair de son temps, entre six et neuf heures du matin, dont il dira plus tard que ce furent les plus belles de sa vie. L'huissier qui a guidé Hitler dans le temple de l'art lyrique a refusé le billet de cinquante marks qu'il voulut lui glisser dans la main. Ce réfractaire n'a pas laissé de traces. À l'extérieur, en revanche, sur le trottoir de la rue Gluck, le cameraman de la Wehrmacht a fait entrer dans l'histoire, parce qu'ils étaient dans le champ, quatre gardiens de la paix saluant la main au képi le cortège du vainqueur. Ces agents ne faisaient que leur devoir, armistice oblige : saluer l'occupant en uniforme. Nos hirondelles ont-elles joui après la guerre d'une retraite bien méritée dans un pavillon de meulière à Noisy-le-Sec ? Ce qui frappe le plus dans ce garde-à-vous discipliné c'est le côté routinier, bon enfant et quasi réflexe de l'avant-bras qui se lève devant qui de droit. *Cékomça.* Gallo-romain, -germain ou -ricain, l'indigène est bonne pâte. D'autres gardiens de l'ordre ont disparu en plongeant pour toujours dans le vieux fleuve héraclitéen, comme certains gendarmes fusil à l'épaule devant des fils barbelés ou sur un quai de gare que la pudeur a gommés sur nos bandes d'actualités. L'autocensure n'était pas le fort des cameramen nazis.

Les autorités familiales ne sont plus ce qu'elles étaient une fois qu'on a vu son papa chevaucher maman tout nu. Les nationales non plus, quand certaines images nous sautent à la figure. Avec le temps… Oui, on connaît la chanson, mais le porno ne passe pas, lui. Il s'incruste en crabe dans la mémoire.

Cette scène primitive s'est déroulée le 28 juin 1940. Je l'ai manquée de peu, à deux mois près, ayant décidé, prudence ou pudeur, de ne pas intervenir personnellement dans «le plus atroce effondrement de notre histoire». J'aurais pu choisir un meilleur moment pour voir le jour. Pointer le museau dans une ville occupée, avec l'idée d'épater l'univers par de beaux effets de cavalerie, à l'heure où la botte germanique résonnait chaque midi en cadence sur les Champs-Élysées, cela manquait d'à-propos. Mauvaise pioche. Trop tard, certes, pour pousser sa brouette avec casseroles et matelas sur les routes de l'Exode, mais assez tôt pour garder le sentiment que l'amère patrie m'avait fait, sans me consulter, croquer la pomme. Cela s'appelle la honte, fils d'Adam.

Né à Varsovie, Londres, Moscou ou Leningrad, capitales plus rétives, j'aurais eu des arrières mieux assurés. La Ville Lumière, la coquette, mon cocon, a coutume de se montrer bonne fille avec l'envahisseur, du moins depuis sainte Geneviève, assez mal lunée pour convaincre Attila de lever le camp. Les mauvaises têtes ne s'y bousculent pas. On compte parmi ces insoumis un mien aïeul, quoique de sexe masculin, Pierre-Charles Debray, meunier de son état, Montmartrois, et propriétaire du Moulin de la Galette, tendance ronchon. En voyant l'armée impériale russe arriver porte de Pantin, le 30 mars 1814, il eut l'idée intempestive de sortir son escopette et d'abattre un ou deux cosaques. Ce que voyant, la soldatesque ennemie découpa son corps « en quatre portions égales » (le vice égalitaire, déjà) pour en étoiler les ailes du moulin, afin de produire du haut de la Butte un effet de terreur en contrebas. Cette exposition eut raison des timidités parisiennes et le faubourg Saint-Germain ouvrit peu après sa porte aux officiers du tsar, comme nos cafetiers aux troufions (bistro! bistro!). Le fils de Pierre-Charles, Nicolas, survécut au coup de lance qui l'avait transpercé en accourant défendre son paternel et flanqua bientôt le Moulin d'une guinguette, « le bal Debray » : toute liesse est un deuil surmonté. Là s'illustrèrent, à la Belle Époque, au son de la polka, du quadrille et du french cancan, Grille d'Égout, La Goulue, Valentin le Désossé et autres vieux copains de la famille. Avec cette musette dans mes gènes, je dois à ces marlous l'essentiel de ma vocation : insuffler au music-hall le sens du religieux, ou l'inverse, et aux bas-fonds l'instinct des hauteurs. « En nationalité, dit Michelet, c'est tout comme en géologie, la chaleur est en bas. » Elle se serait dissipée depuis longtemps si une « pelle Starck », sise à la hauteur du 88, rue Lepic, n'en léguait le souvenir aux jeunes générations.

Dommage que l'exploit de Pierre-Charles ne figure pas dans les dossiers de la DST me concernant — laquelle tenait jusqu'à hier l'héritier du premier résistant à la barbarie des steppes pour un agent dormant de l'Union soviétique. Puissent nos services de contre-espionnage se renseigner un peu mieux, à l'avenir, sur l'histoire de France.

Haute ambition, basse époque : mon affaire était mal partie, sauf que plus on tombe mal et bas, plus s'élève le niveau d'expectative. La suite des événements aggrava le porte-à-faux. En liant mon destin de sacripant aminci par les topinambours, le rutabaga et la saccharine à ceux d'Henri Queuille et de Joseph Laniel, la IVe République, avec ses petits partis cuisant leur petite soupe dans leurs petits pots, ne prédisposait pas les peaux de bébé aux rudes embruns de la grandeur. Encore un contretemps.

Insoucieux de tous les équipages, je ne doutais cependant de rien, ni que le pouls du monde pût continuer de battre à Paris — au moins rive gauche, moins compromise que l'autre. Pardonnable ingénuité : nous n'avions pas encore appris l'économie, ni maîtrisé l'usage des statistiques. C'est aujourd'hui que l'on sait de science certaine que sur une échelle de bonheur graduée de 1 à 10, les Français se situent à 7,2, les

Danois à 8,3, les Belges à 7,7 et les Californiens à 9,8. Avec les mêmes calculettes, j'aurais pu découvrir qu'un indigène en maternelle sous Pétain n'avait que 13,6 % de probabilités de peser sur les affaires du monde, contre 83,7 % pour un Américain ou 75,4 % pour un Chinois et 60,3 % pour un Allemand de la même fournée. L'esprit de finesse manquait encore de précision. Nul ne pouvant sauter par-dessus son temps, notre après-guerre a dû se refaire une conscience historique en toute inconscience, sans savoir que force nous serait plus tard de jouer petits bras face à des congénères infiniment mieux dotés pour avoir vu le jour au bord de l'Hudson, du Yang Tsé ou de la Spree. À Berlin s'écroulerait le «mur de la honte», et à New York les ziggourats du Veau d'or. À Los Angeles, et non à Paris, les stars se suicideraient au Nembutal, au Texas les présidents seraient assassinés dans la rue (comme chez nous à la Belle Époque), à Shanghai se tiendraient des expositions monstres et les records de vente de Sotheby's. À côté des *serial killers* et des carnages dans les écoles, des Madof et des Elvis Presley, des tornades et des tempêtes de neige, nos assassins, escrocs, rockers et terroristes maison, comme nos hivers modestes, ce sera la taille garçonnet. Poids coq contre poids lourd. Nos officiels compensent la modestie

du gabarit en gonflant le ballon ; un vieil entraînement à l'universel permet de mondialiser une
tuerie bien ciblée, mais limitée ; on n'en reste
pas moins, sur les chiffres, en deuxième division.
Il faut trois mille morts outre-Atlantique pour
mettre notre métropole sur le pied de guerre
et le monde entier sur écoute ; chez nous, une
quinzaine de victimes suffisent à faire chausser
le cothurne. À se demander si, pour nos kami-
kazes en manque, nos présidents valent encore
le voyage. Le carnage à l'économie, ça peut
blesser l'orgueil, mais, sans pouvoir rivaliser
avec New York et Jérusalem, Paris reste une ville
honorablement *insécure*. Il m'arrive, j'avoue, de
regretter les marques de sous-développement
que j'ai connues, adolescent, comme les cageots
à l'abandon et les forts des Halles enfouis sous
le Forum nickelé, les abattoirs de la Villette
sous la Cité des sciences, les dures banquettes
de la Mutualité militante sous les moelleux
fauteuils gris perle du *showroom* qui l'a remplacée, le siège du PCF sous une compagnie
d'assurance carrefour de Châteaudun. Notre
mise aux normes a eu raison de ces stigmates
d'arriération. Le Quartier latin s'est fait *globish*,
le Boul'Mich', bouffe et fringues, cause *english*.
Les Presses universitaires de France vendent
des tee-shirts et des baskets. Le hamburger a
chassé le saucisson-beurre. La Sorbonne s'est

éparpillée, le pavé humilié sous le bitume. Ainsi va le rattrapage. Je ne m'en plains qu'à moitié. Une part de moi-même soupire après les amoureux sur les quais, l'infâme Robusta du p'tit noir, le solex, le baby-foot dans les cafés, les hommes-sandwichs sur les boulevards, le stationnement à l'œil. L'autre prend vite le dessus : la capsule Nespresso, les couloirs à vélo, les poubelles en plastique (celles en fer réveillaient avant l'heure), le portable (compense le digicode) nous ont dédommagés. Mon vert paradis, c'était aussi les jetons de téléphone à la caisse du bistro (faire la queue au sous-sol à côté des chiottes et le con qui tenait le crachoir n'en finissait jamais), l'œil mauvais de la concierge derrière son petit rideau (où c'est qui va çui-là), les portillons automatiques sur le quai du métro qui se refermaient juste devant notre nez. Ne chipotons pas : au chapitre arts ménagers, confort et bien-être, le bilan est positif. Il en va autrement pour la France faite à coups d'épée. Au chapitre Lazare Carnot et général Leclerc, il y a eu après 1945 comme un blanc dans le texte. Certains y ont pris goût, avec le temps. La fatigue après l'effort.

II

Madame H., en personne et cette fois pour de vrai, vint à ma rencontre par une journée ensoleillée de printemps, en sortant du lycée. De but en blanc et noir sur blanc. La une de *France-Soir* en coup de poing : ligne du haut, « Diên Biên Phu est tombé » ; au milieu, « submergé par les furieux assauts des Viets » ; et en dessous, « "Isabelle" tient encore ». Le coup au plexus. Je fondis en larmes sous le choc. Après la chute, la rechute. On ne pouvait plus ruser avec le noir envers des choses dont mes bons maîtres et ma famille me laissaient voir seulement l'endroit. Le sol se mit à vaciller : je quittais le temps immobile de l'enfance pour le vif du sujet et l'intranquillité. Nos immortels ne portent pas bicorne ni broderies, mais culotte courte et marinière. Chaque jour leur est une éternité, et aucun n'est daté : les deux garanties du bonheur. Les mouflets, académiciens sans agenda, ont une courte carrière. Ils épousent la condition historique avec le brevet et le premier poil au menton. Tant qu'on n'a pas les dernières nouvelles, on s'ébroue sur un sol ferme. Aujourd'hui, avec le portable, les tueries font ding, ding au fond des poches, et c'est comme un bruit de fond. Au milieu du siècle dernier, avant transistor et télé, câble et satellite, quand le volumineux poste de TSF au petit œil vert trônait dans le bureau paternel, la calamité avait le temps de réverbérer, mais restait interdite aux moins de seize ans. Un blanc-bec prit celle-là de plein fouet sur un trottoir, figée par des pinces à linge aux flancs du funeste édicule néobyzantin, dentelle de bois et casque à pointe, justement baptisé *kiosque*, d'où surgissait à petits jets furtifs une lave noirâtre d'inconduites, indétectable à domicile. Mon cratère quotidien m'attendait au coin de l'avenue Kléber et de la place du Trocadéro, non loin du maréchal Foch à cheval, qui me montrait chaque jour, quand je sortais de Janson-de-Sailly pour rentrer chez moi, rue de Lübeck, une croupe avantageuse. C'est le 8 mai 1954, aux alentours de midi, que le fond effondré des choses me devint irréfutable, que la France, le monde et moi sommes devenus inquiets, autant dire mortels.

L'année n'avait pas mal commencé : *Le Chanteur de Mexico* au Châtelet et René Coty à l'Élysée veillaient sur notre éternité. La Seine avait gelé et l'abbé Pierre lancé l'insurrection de la bonté ; les actualités Gaumont-Pathé nous découvrirent à la fois son béret et la « Zone ». Le passé était tenu à l'œil, l'avenir aussi. Pendant que l'on restaurait à Versailles le Hameau de la reine grâce à un chèque signé Rockefeller, on inaugurait la pile atomique de Saclay, la rôtissoire électrique et la machine à laver. La Versailles concurrençait la Jaguar, le septième festival de Cannes s'annonçait sous les meilleurs auspices, et Georges Brassens égrenait sur un Teppaz à 45 tours *L'Auvergnat* « Elle est à toi, cette chanson [...]. Ce n'était rien qu'un feu de bois... » Seul caillou dans la chaussure, la perle de l'Orient, des fuites sur le trafic des piastres, et de menus désagréments en page intérieure, rubrique « Événements d'Extrême-Orient ». J'en recueillais des bribes en m'arrêtant au kiosque pour feuilleter *France-Soir* à la dérobée, un million d'exemplaires, plus attiré par Chéri-Bibi et Phryné, colonne de droite, amours célèbres, que par « le crime ne paie pas », colonne de gauche. Je faisais confiance aux préposés à la tranquillité publique. Le général Navarre assurait : « La campagne d'hiver se terminera sur un résultat positif » ; et Cogny, commandant du Tonkin : « Si Giap attaque, il va y avoir du sport. » Lucien Bodard, grand reporter, avait publié un beau morceau au début de mars « La débâcle de la division 308 », une division d'élite des Viets. Quant à M. Bidault, ministre des Affaires étrangères, il déclarait savoir de source sûre qu'Hô Chi Minh était un agent russe. On avait applaudi dans ma classe la ruée de nos parachutistes sur une cuvette en pays thaï, sur les arrières de l'ennemi, pour le prendre à revers. La situation se gâta néanmoins dès la fin de l'hiver. Les tirs de la DCA et des 105 ennemis défoncèrent la piste, empêchant nos Dakotas de se poser pour amener des vivres et ramener les blessés. Heureusement, il y avait aux pourtours du camp retranché des « points d'appui » qui tenaient bon, « Éliane », « Gabrielle », « Claudine », « Béatrice », « Dominique ». Mais ces redoutes « tombaient » les unes après les autres, de semaine en semaine. Qui relèvera, pensais-je à part moi, mes grandes sœurs à terre, mes blanches cousines d'Occident ? Les Jaunes, comme on disait, abuseraient-ils de ces beautés offertes ? De communistes aux yeux bridés, on peut craindre le pire. La mousson détrempant le terrain freinait la contre-offensive ; les parachutistes, largués sur un mouchoir de poche, s'égaraient hors des lignes ; les Américains regardaient ailleurs. Bref, les choses s'étaient lentement dégradées au fil des jours, mais pas au point d'imaginer l'impensable : une reddition en bonne et due forme.

Il y eut à la fin ce suprême, sublime message radio du colonel de Castries, encerclé dans son QG et promu de ce fait général: «Nous nous battrons jusqu'au bout. Au revoir. Vive la France!» Il avait à ses côtés une infirmière convoyeuse de l'air, «une merveille de courage et de cran», «la seule femme dans l'enfer de la place assiégée», Geneviève de Galard. Sa présence attesta notre supériorité morale. Cette Amazone aux yeux clairs, imperturbable et droite, sanglée dans un uniforme bleu d'aviateur, vicomtesse de son état, triompha spirituellement de la race inférieure. Il fut établi, en partie grâce à elle, que le corps expéditionnaire n'avait pas été vaincu, mais *submergé* par la loi du nombre, une marée grouillante de fourmis, les Viets. Tel est le fardeau de l'homme blanc, éternel Christ aux outrages, fellouzes, bicots, barbus, sauf que l'Esprit ou la Vierge ou la Femme ou la France, bien que tombés aux mains du Barbare, continuerait de témoigner pour la grandeur du monde civilisé. Geneviève de Galard fut notre rédemptrice, Jeanne d'Arc moderne saluée comme telle par toute la presse nationale et internationale. Au milieu des blessés et des agonisants, sa silhouette et sa particule sauvèrent l'honneur de la population, sans me sauver de la dépression. Diên Biên Phu en *Bonjour tristesse,* au lieu de Saint-Tropez, à l'âge des boums, des cabriolets grand sport, des *teddy-boys* et d'Elvis Presley, cela ne ferait pas pencher du bon côté.

Montrant avec quelle rapidité les affaires reprennent, les semaines suivantes me remirent heureusement d'aplomb. Ballets russes à Versailles, crime passionnel à Vesoul, foire du Trône sur la pelouse de Reuilly. « Le 14 juillet, le défilé de la Victoire s'est déroulé sous un soleil de fête et le président René Coty a passé les troupes en revue. » Le gouvernement nomma une commission pour étudier le triste épisode tonkinois, une bombe fut lancée contre une permanence communiste à Nice, et M. Vincent Auriol, ancien président, déclara à la presse : « Il faut revenir aux sources de la démocratie. » Le bonheur reprenait ses droits, ce qui m'initia à la classique distribution des rôles dans ces croisades à répétition. Les militaires promettent la lune, les ministres promènent le pékin, les gazettes emboîtent le pas, et nous applaudissons tous en rythme, de bon cœur. Le numéro plaît, le public bisse, et on recommence. Suez, Alger, Bagdad, Kaboul, Tripoli, demain la suite. Le deuil, cette fois, ne dura que trois jours. Le suicide du colonel Pirotte, le commandant de l'artillerie du camp retranché, fut passé à la trappe, et l'exaltation des héros prit le dessus. « L'armée française confirme en Indochine la valeur de ses troupes et l'autorité de ses chefs» : ce titre du quotidien *L'Aurore* garde toute sa valeur pédagogique. C'est ainsi qu'un mois après, nous apprîmes que la télévision, innovation américaine encore absente de nos foyers, avait montré un film intitulé *De Castries of Diên Biên Phu*, sponsorisé par une marque de dentifrice.

Il y a un pacte vingt fois séculaire entre la grandeur de la France et la déculottée, et le courage malheureux, spécialité du terroir, donne son cachet à l'épopée maison. Vercingétorix a eu du flair quand il est venu sur son cheval blanc jeter son épée aux pieds d'un Jules César bien calé sur sa chaise curule, mi-dégoûté mi-ironique, un peu absent, roulant déjà dans sa tête ses *veni, vidi, vici*. Plus favorisés, nos amis d'outre-Rhin sont moins bien lotis. L'homologue là-bas du héros fondateur, Arminius, *alias* Hermann, a défait les légions romaines au fin fond de la Forêt noire. De cette matrice premier degré sont sortis Frédéric II, Bismarck, Rommel, Mercedes et Mme Merkel. Plus malins, nous continuons pour notre part de célébrer la Légion à Camerone, Roland à Roncevaux, Jeanne au bûcher, Napoléon sur son rocher, les communards au mur des Fédérés. On a beau donner des médailles en chocolat au gagnant, le cœur gaulois en tient pour Poulidor.

À l'âge où le clampin se destine normalement au «dérèglement de tous les sens», aux «cieux crevant en éclairs», «aux neiges éblouies» et aux «cheveux des anses», je me jurai *in petto* de donner la priorité à la défense de la marque. On avait manqué à la grande dame, il faudrait réparer. Et puisque le Français perd la première manche parce qu'il n'est plus de force (la bataille de la Marne ayant pompé les réserves d'énergie), mais gagne la seconde parce qu'il garde la forme, ma ligne Maginot serait en vers, mais, cette fois, elle tiendrait bon. À nous le match retour; «donne-lui tout de même à boire dit mon père». Il faut être naïf comme un Anglais pour s'imaginer que Wellington a gagné la bataille de Waterloo. Avec sa «morne plaine», c'est Victor Hugo qui a nettoyé le terrain, et Cambronne, l'affront. Gamelin contre Rommel, inutile, on n'est pas de taille. Eluard contre Goebbels, allons-y, c'est tenable. L'alexandrin, comme la terre, ne ment pas. Pourquoi envier la récurrente suprématie du Teuton, cet être fruste et balourd à la nuque rasée, si l'Astérix chevelu peut toujours sortir de sa malle un clairon avec un génial zigoto pour lui courir après. Ou un accordéon, pour les piafs de Belleville. Laissons à Berlin les finances, l'acier, les machines-outils. Gardons le Mumm cordon rouge, la rime à Jérimadeth et les titres pirouettes. La rime vaincra.

S'il est de notre intérêt national de sortir les plumes sergent-major plutôt que les Mauser, il ne m'échappait pas qu'il fallait donner aux Panzers le temps de rouiller et à von Choltitz celui de sortir du Meurice mains en l'air pour que Vercors, Eluard, Aragon, Pierre Emmanuel et Desnos puissent monter en ligne, et nous sauver la face. Aède, baryton, parolier, librettiste, ce serait ma voie : peaufinons l'anaphore et l'hémistiche vengeur. Aussi, anticipant d'autres dérouillées à venir, je m'offris pour la Saint-Sylvestre une *Encyclopédie Quillet* d'occasion en six volumes. La page de garde s'ornait d'un ex-libris illustré d'un moulin à vent, avec pour devise ma feuille de route : « Bien moudre et pour tous. » Idéal pour un arrière-petit-fils de meunier. Le *Quillet* avait l'avantage sur le *Petit Larousse* de mettre sur les mêmes pages noms communs et noms propres, en colonnes militaires, pour un lever des couleurs quotidien. Je cassai derechef ma tirelire pour un dictionnaire des rimes, confiant dans un bon retour sur investissement. Pas question encore de priver de travail les embellisseurs en poste, les Kessel, Lartéguy, Bodard ou Jacques Chapus, Indochinois de cœur qui avaient du talent, de l'avance et des informations dont je ne disposais pas. Un lexicographe en pantalon de golf ne leur faisait pas encore un concurrent sérieux. Simplement prévoyant : un jour, il me faudrait vêtir nos rois nus. *Le Figaro* et *L'Aurore* exhortaient la nation à consentir « un nouvel effort militaire » pour partir du Tonkin la tête haute. Ils s'égaraient : seul un nouvel effort littéraire pourrait rendre victorieuses nos défaites. Giap et Hô Chi Minh me donnèrent l'intuition des responsabilités qui m'incomberaient si Dieu me prêtait vie. Comme Philoctète de son arc aux Achéens et Pétain de sa personne à mes grands-parents, je ferai don de mes qualificatifs, l'âge venu, aux secrétaires d'État virés, aux sénateurs battus, aux anciens présidents mis en examen pour fraude fiscale. Ne jetez pas le manche après la cognée, ô ministres intègres, on arrive. Biographies, oraisons, philippiques, remontrances, quels que soient vos faux pas, je vous ramènerai dans le droit-fil. Les voyous à Légion d'honneur serviront à ma gloire et à celle du pays (pour autant qu'on pût les distinguer). Je serai votre Joinville, votre Froissart, votre Las Cases ! C'était pécher par optimisme : les politiciens, c'est au quotidien ; le grand homme, une fois par siècle, et quand les petits s'attardent, le siècle pose un lapin.

En attendant Du Guesclin, il y avait du pain sur la planche pour un chevau-léger en serre-file, compte tenu du tableau de l'Europe d'après guerre. En haut de l'affiche, deux peuples héros : l'anglais et le russe ; un peuple martyr : le polonais ; un SS : l'allemand ; un artiste : l'italien. Des seconds rôles de kapos côté pays Baltes, Ukraine, Roumanie, Hongrie et archiducs austro-hongrois. Dans quelle case ranger la France, dont je commençais à soupçonner qu'elle n'avait pas mis ses œufs dans le même panier, pour parer à toute éventualité : résistants à l'avant-scène, juifs en coulisses, Paul Morand dans les cintres. Autant nos voisins, au destin assez simpliste, sinon rudimentaire, pouvaient se reposer qui sur Stalingrad, qui sur ses Ferrari, Gucci et Visconti, qui sur ses crimes contre l'humanité, autant le ni-ni national, mi-héros mi-collabo, appelait une remise au net. Terrain mouvant, cadavres dans le placard. On aurait bien besoin d'un retoucheur professionnel. D'autant que les silences et sourires à sous-entendus du colonel Bramble, chez qui je passais mon mois d'août — c'était la mode alors d'envoyer l'été les fils de famille se dépuceler sur les galets de Brighton —, me faisaient sentir à mi-mot le peu de considération d'un Britannique passé par le Blitz pour les planqués du *Gross Paris*. Diên Biên Phu faisant piqûre de rappel, je me surprenais à poser sur le cher et vieux pays un regard churchillien, voire pire, rooseveltien : entre pitié et mépris. J'espérais seulement, avec un «peut mieux faire» sur mon bulletin de naissance, être admis à redoubler.

Dois-je regretter ce sanglot initiatique ? Non. Il m'a transporté au cœur des choses et de mon avenir. Il m'évite encore de chinoiser quand on me demande, juste après le « Et Dieu dans tout ça ? » : « C'est quoi l'Histoire pour vous ? » Réponse : ce qui me met les larmes aux yeux, point final. L'aile de l'inexorable ne m'a pas encore frôlé que la cornée déjà s'embue : c'est à cette humectation que je détecte qu'il y a du Sophocle ou du Shakespeare en arrière-plan. Le don des larmes, j'en suis redevable aux kiosques à journaux. Je n'ai même plus à m'étrangler la voix pour annoncer à un rotary club frissonnant de l'apprendre que l'Histoire est tragique. Un réflexe lacrymal, c'est un truisme en moins, toujours cela de gagné. J'aurais bien voulu, cela étant, ne pas avoir à glisser un paquet de Kleenex dans ma poche à chaque 18 juin quand je m'en vais écouter le chant des partisans au mont Valérien, en demandant à mes voisins de bien vouloir excuser mon rhume des foins (chez les durs à cuire, pleurnicher est mal vu). Quand je visionne l'enterrement de Pablo Neruda à Santiago du Chili, peu après le coup d'État du 11 septembre 1973, et comment cette centaine de sacrifiés, hommes et femmes escortant le cercueil, se met à entonner l'Internationale — *Pablo Neruda, presente!* — devant les caméras des tortionnaires, ma gorge se serre, je mets la main devant mes yeux. Et si, changeant de contexte, mais non de diaphragme, j'aperçois le Grand Charles *in vivo* à la télé, j'épluche devant mon poste un oignon au salon. Il me plairait de montrer dans ces conjonctures, heureusement assez rares, un peu plus de sang-froid. Pas de morphine pour la douleur des amputés, quand la jambe ou le bras que l'on vient de perdre continue de faire souffrir. J'en témoigne : ce n'est pas parce que l'Histoire file aux abonnés absents que l'œil peut rester sec. Au contraire, le veuf est plus vulnérable que le contemporain insouciant. La sécrétion humorale peut même lui procurer la grâce d'une mise en participation : aide-toi, le ciel t'aidera. Aussi, pour racheter mes siestes et mes whiskies, mon éclair au chocolat, mes bains chauds et mes fredaines, je garde sur mon portable, déclenchables à volonté, de lointains échos en options sur l'avenir. « Paris outragé, Paris brisé, Paris martyrisé, mais Paris libéré ! Libéré par lui-même... » Hôtel de Ville, 26 août 1944. Relève la tête, mon petit gars. Qui sait s'il n'y a pas une mémoire de l'eau.

III

Comme l'espérance est violente! Gardons-nous de dételer. Viendra la nuit et sonnera l'heure. Nous avons Dieu avec nous, que diable! et un CV culturel à toute épreuve. Que pèse un Bousquet à côté d'Isaïe et d'Hénoch? Vichy à côté de Jérusalem? un sinistre statut des juifs face au Messie bientôt de retour, selon les Écritures? un éphémère passage à vide au regard d'une Révélation qui, elle, a fait de l'usage? La plaie d'un premier communiant blessé dans son amour-propre, mais au courant de son arbre généalogique, peut cicatriser parce qu'il est en affaire avec la Résurrection, avec deux mille ans d'avance sur les produits dérivés. Souliers vernis, brassard blanc, col cassé: qui s'endimanche à douze ans pour avaler à Saint-Pierre-de-Chaillot le corps du Christ se prédestine, dix ans plus tard, au treillis du broussard. Un Dieu fait homme, ça n'abandonne pas ses fidèles en chemin et ça met des fourmis dans les jambes ; ça force à garder l'œil sur le cours des choses, sans s'embrasser l'épaule, et à se donner du mal pour faire le bien. Un baptisé confirmé n'est pas passif dans la main de Dieu ; son salut est l'opération commune du Créateur et de la créature, et son livre d'heures, le calendrier civil. Son destin s'appelle Histoire. Pour un musulman, les jeux sont faits, après la nuit du destin il ne peut plus rien se passer de très intéressant : les choses suivront leur cours toutes seules, *inch'Allah*. Nous, si nous ne mouillons pas la chemise, nous sommes bons à jeter au feu. Et que l'on ne nous accuse pas d'aimer la politique du pire : la catastrophe est un pré-miracle qui annonce, comme l'Antéchrist, mille années de bonheur entre la victoire de la Bête et l'ouverture du Septième Sceau.

Pardon. Égrener des bobos millésimés, cela manque de chic. Un almanach, cela met de suite un écrivain en troisième classe, mais comment faire autrement ? Il n'est guère flatteur, je le sais, d'avoir à parler des *affaires courantes*, comme un vulgaire commentateur, un bouchon sur l'eau, un ministre en exercice. J'eus mille fois préféré faire crisser les criquets sous les feuilles, « au pied des térébinthes », surfer, comme Saint-John Perse, sur « Une même vague par le monde, une même vague depuis Troie

roulant sa hanche jusqu'à nous », me caler sur
« le grand pas souverain de l'âme sans tanière ».
Ô *Éloges, Anabase, Oiseaux...* Ô sublime déta-
chement... La veine intemporelle du poète, un
enfant de la Promesse, ne peut ni ne doit y prétendre. Notre Seigneur a dédaigné les grands
seigneurs, le vent, la Chine, les dalles de bronze
et l'amitié du prince, pour prendre soin du petit
personnel, samaritains, pêcheurs, prostituées,
percepteurs, hémorroïdes et pieds sales. Est-ce
ma faute si notre Credo a fait basculer l'Éternel
dans le temps au point d'habiliter un remanie-
ment gouvernemental ? Notre corps, avec ce
Verbe fait chair, n'était plus un tombeau, ni un
changement de majorité, une péripétie. Ces
menues contingences, Bouddha m'en eût pré-
servé, Agassou, la panthère fabuleuse, aussi, et
Zoroastre, mais, faut-il le répéter, je ne suis pas
né au Tibet, en Haïti ou en Perse. Mes annales
ne signalent pas comète, pluie de sang, éclipse
de Lune, naissance de monstres, étoiles filantes.
Ma lignée stipule qu'un ermite doit connaître
l'heure des trains, et le moine prêcheur se
jucher sur les épaules de la République, stylite
sur sa colonne. Se retirer des vains tumultes
du siècle, c'eût été trahir sa mission prénatale :
recueillir l'or du temps à même l'écume des
jours, piquer des têtes dans le bruit et la fureur
contés par le journal pour y pêcher les *signes des*

temps. Que l'on veuille donc bien pardonner le trivial de mes éphémérides, le piteux de mes anecdotes à la pensée que, sur notre petit cap de l'Asie, Dieu s'accroche aux vicissitudes comme le bon larron à l'occasion. Ce que je raconte n'est plus de saison? Moi non plus. La chouette de Minerve s'envole à la tombée du jour. Chez les cérébraux, on a l'esprit de l'escalier. C'est quand on a le cul par terre qu'on découvre de quel ciel on est tombé.

«J'ai rime à gloire», souffle Madame H. à l'oreille des mécréants. Un homme de foi bien informé ne cède pas à cette flatterie. Il tient la célébrité pour un sale petit quart d'heure, fatal au développement durable. Au ciel par le placard. *Ad augusta, per angusta,* c'est son principe de précaution à lui, la devise de la Compagnie de Jésus façon Victor Hugo. Pour s'élever après, abaissons-nous pendant. Quarante ans, quarante jours au désert, sans *press-book* ni ruban à la boutonnière. L'auréole à terme, ce n'est pas virevolter au centre du bal, où des demoiselles rougissantes et d'égrillardes belles-mères vous dévorent des yeux; c'est descendre à la cave pour feinter la concurrence et réapparaître sur le toit cent ans plus tard. On a fait la moitié de l'ascension quand on est dans le trou, chambre sourde, salle des machines ou des cartes, ou, mieux encore, le trou au sens cabane, taule.

Serrez ma haire avec ma discipline. Le paradis du tartufe : une crypte ouverte de 10 heures à 18 heures, jours fériés inclus, entrée gratuite pour les scolaires, fans à la sortie, donzelles de préférence. La stratégie du plus par le moins. Les ombres d'aujourd'hui seront les lumières de demain, l'insomnie des troubadours, le rouge au front des leaders d'opinion. Ce qui-perd-gagne évangélique a l'avantage, pour un auteur, de convertir sa mise au pilon du matin en un acompte sur l'anthologie du soir. Laissons les autres faire de la presse et un tabac, remplir les salles et leurs poches. Qu'ils s'enfoncent sous le poids des bicornes, médailles, prix de l'Académie, palmes d'argent et renvois d'ascenseur. Un émergent qui se veut éminent s'indique au soin qu'il prend de sa couronne d'épines, en refusant par exemple la Légion d'honneur (sans pousser jusqu'au vulgaire communiqué à l'AFP). Cette hautaine abstention, qui lui en coûte, fait retentir par avance le son du cor au fond des bois et des consciences, celles qui n'auront pas su reconnaître l'Exclu, je veux dire l'Élu de son vivant, Van Gogh, Karl Marx, le prince déguisé en mendiant ou le Facteur Cheval. Quand un homme garde à l'esprit tout ce qu'il faut endurer pour durer un petit peu *post-mortem*, chaque avanie lui est un soleil levant, chaque montée en grade une marche ratée.

Et j'ai vu quelques fois des gens fort honorables se damner dans la pourpre. Pour s'acheminer vers le néant escorté de flonflons, rien de mieux qu'une remise de l'épée sous les lambris. Un vrai cauchemar. Je monte sur l'estrade, teinture rouge dans le dos, lutrin avec armoiries, chaises dorées, salle bruissant de grands noms, sous mon nez, en rang d'oignons. Je déplie mon papier et j'égrène, d'une voix pompeuse et pénétrée : Messieurs les Premiers ministres, Mesdames et Messieurs les ministres, Mesdames et Messieurs les parlementaires, Monsieur le grand chancelier de la Légion d'honneur, Monsieur le chancelier de l'Institut de France, Mesdames et Messieurs les secrétaires perpétuels, Mesdames et Messieurs les académiciens, Mesdames et Messieurs les présidents et directeurs, Mesdames et Messieurs les élus... À ce point du compliment, j'ouvre un œil, atterré, et coupe court aux effusions pour échapper aux flammes ; « Rendez-moi service, les huiles, foutez-moi le camp ! Oubliez les coups de pic qu'en vous léchant le derrière je donne à ma statue, si friable est son plâtre, un élevage de poussière, tout comme la vôtre, hélas. Foin de ces courbettes, passez de suite aux petits fours, ils sont de première bourre, la maison n'est pas chienne. Ma soupente m'appelle, avec mon levain, un quignon de pain dur pour faire lever la fange. Je m'aime trop pour ne pas vous envoyer promener. Bonne chance, les condamnés! Moi, je me sauve.»

Dans les catacombes, oui, et mortifié, mais en bonne compagnie. Avec une poignée de mousquetaires, carbonari ou décabristes, tous *underground*. Membres les uns des autres, un seul corps dans le Christ. Ou dans l'Avenir. L'Esprit saint, qui aime les chorales, répudie ténors et divas. Outre qu'un bègue se protège en fuyant le forum, et que les meilleures gestations se font sous le manteau, les enjeux montent chaque fois que l'on diminue le nombre de joueurs, en faisant meute à part, et souterraine. Bref, l'attrait du concave oblige à un certain jansénisme : le verre de l'amitié dans les sous-sols du PC, à Colonel-Fabien, c'est un blanc de blanc tord-boyaux; au Bristol, faubourg Saint-Honoré, c'est champagne et caviar. Il faut maigrir pour monter au paradis, les rebondis ne décollent pas; la cigale s'étale; plus prévoyantes, les fourmis ont lunettes noires. J'aurais quasiment pu, Ponce Pilate procurateur, hausser les épaules en passant devant le Golgotha. J'aurais jugé la mise en scène un peu trop tire-l'œil — gibets en triptyque, contre-plongée, flashs et ciel d'orage — pour m'imaginer qu'elle pût porter à conséquence.

En résumé, le peuple, oui, mais pas à déjeuner.

Mourir pour Bidochon, à la rigueur; cohabiter, des nèfles. Le «il n'y a rien de commun entre vous et nous», l'apostrophe de Saint-Just aux plénipotentiaires autrichiens sous la tente, c'est le programme commun au proustien populiste, aristocratiquement plébéien, et aux rupins du Polo de Bagatelle, de l'Automobile-Club ou du Siècle. Le haut du panier montre dans le sélectif une certaine consanguinité d'esprit avec les Tupamaros, les briscards de la IVe Internationale. Sauf que le révolutionnaire, snob contrarié, mais snob au carré, met la barre encore plus haut: dédaignant les gens connus pour être connus parce qu'ils ont leur nom dans le journal, il entend forcer le destin au coude à coude avec des anonymes, promis, demain, aux lettres d'or. Dans la conviction, qui n'est point sotte, que l'on n'a jamais fait l'Histoire à la majorité plus une voix des suffrages.

Pour avoir vu dans ma famille d'élection quelques cénacles radioactifs tourner de guerre lasse en unions d'hommes de bonne volonté, je puis témoigner des dommages collatéraux du suffrage universel, tout incorrect qu'en soit l'aveu. L'intérêt pour la justice, «l'éternelle fugitive du camp des vainqueurs», je l'ai senti décliner à mesure qu'augmentait le nombre des individus chargés de la rattraper. Du *foco*, ou foyer guérillero (cinquante au maximum), à la foire altermondialiste (cinquante mille), puis au défilé République-Nation (trois millions), la ferveur rédemptrice a baissé à mesure que les minorités agissantes se métamorphosaient en majorités moutonnières — et que la corruption gagnait les pasteurs en charge. J'ai même vu des gens bien devenir conseiller municipal, député, pire, ministre, et ce ne fut ni pour leur bien ni pour le nôtre. Il est avéré qu'autant la volonté de transformer le monde grandit avec notre aptitude à nous en distancier, autant elle diminue avec les moyens que nous acquérons de nous y insérer. Le mouvement chrétien a tiré la sonnette d'alarme : ce fut le premier élan progressiste à se dégrader en triomphant. Les ex-martyrs ont tourné, après Constantin, bourreaux, vandales et censeurs, un coup classique. De l'échappée à la refermeture des portes, il n'y a eu qu'un pas, moins d'un millénaire. Chez nous, vu l'emballement des rythmes, dix ans suffisent pour le retour à la normale.

Les souverains ferment la porte de la salle de bains. Dieu est caché ou n'est pas, et l'Histoire, en s'asseyant sur son trône, a pris modèle sur le prédécesseur. Elle est censée avoir ses poubelles, un tribunal, un regard accusateur, une échelle de grandeur et une certaine allure. Elle nous donne des leçons, montre les cancres du doigt et nous fait passer en jugement, mais

qui peut se vanter d'avoir vu notre mère fouet-
tarde en chair et en os ? L'homme du seuil que
je fus n'a jamais été reçu en audience ; il a seulement rencontré des *go-between* obligeants et
discrets. Ce furent mes anges. Non extermina-
teurs : inséminateurs. De sexe masculin le plus
souvent, ces messagers n'avaient pas d'ailes,
mais des rides, parfois un numéro tatoué sur
l'avant-bras, une bienveillance ironique dans le
regard et un comme-si-de-rien-n'était dans la
physionomie. C'était les survivants. Mes bons
génies n'étaient pas de ces *putti* roses et jouf-
flus qui volettent sur des plafonds pervenche ;
plutôt le genre maigre et voûté. Ils avaient osé
se salir les mains. Ils étaient un jour entrés dans
le secret des créatures et avaient appris ce qu'il
y a sous la couverture. Ils avaient vu la mort de
près. Ils revenaient d'Espagne, de Buchenwald,
de Londres, d'Auschwitz, du Guatemala. Leur
nom : Marceline, Claude, Daniel, Jean-Pierre,
Stéphane, Jorge… Français, pour beaucoup,
mais pas franchouillards. Mon premier inter-
cesseur s'est d'ailleurs appelé Enrique Líster,
un général communiste de l'armée républi-
caine espagnole dont je savais peu de chose.
Une estafette du premier rang (Trônes, Puis-
sances et Dominations sont l'état-major de la
céleste hiérarchie). Taciturne, buriné à souhait
et peu causant. Je le croisai à La Havane, en

1961, dans le hall de l'hôtel *Habana Libre*, où sa légende le précédait. De la guerre d'Espagne, le berceau imaginaire de ma génération, je n'avais jusqu'alors rencontré que Gary Cooper et Ingrid Bergman, les héros en technicolor de *Pour qui sonne le glas*, quelques photos en noir et blanc de Guernica et *L'Espoir*. Et voilà que j'avais devant moi un revenant pour de bon, qui n'avait rien d'un zombie. Je me présentai à lui, le cœur battant, « étudiant communiste français », et nous échangeâmes une fervente quoique laconique poignée de main. J'aperçus également, de loin, quelques jours plus tard, le fameux colonel Bayo, un ancien d'Espagne lui aussi, exilé au Mexique, qui avait entraîné au maniement des armes, avant leur départ sur le *Granma*, la petite équipe de Fidel et du Che. Les deux avaient un parler rauque, un accent de gorge plein de *jotas* et de *r* roulés qui me firent paraître bien léger, sinon ridiculement précieux, le parler pointu et petit doigt en l'air des spécialistes parisiens du décryptage mastur-bateur que je venais de quitter. Les porteurs d'histoire lourde ont toujours eu à mes oreilles une empreinte hispanique ou latino. J'enchaînai à mon retour sur Semprún et Santiago Carrillo, le secrétaire d'un PC espagnol bientôt déstali-nisé. Ce dernier m'emmena un jour d'été, avec Joan Baez, dans une luxueuse villa sur la Côte d'Azur où la Passionaria passait ses vacances. Minerve nonagénaire, desséchée, énigmatique, avec un port de reine en exil, cette grande dame avait dit un jour *No pasarán*, elle avait dit *mejor morir de pie que vivir de rodillas*, et faisait passer le message en contrebas, sans mot dire. L'Histoire s'épure en vieillissant, elle perd sa graisse politique, l'écho résonne mieux que le direct, qui fatigue et rebute comme le brouhaha au restaurant. Madame H. comme Honneur se nettoie de ses parasites en se retirant dans la légende, et les vétérans, après coup, nous transmettent le frisson en VO.

L'accès à la vérité, dit Simone Weil, passe par la vérité du malheur. Les délégués du feu, de la soif, des crématoires et des coups de cravache remplissaient les blancs de la composition poétique que l'on fignole en douce dans son coin et que l'on pare du nom d'histoire. Par leur entremise, je rattrapais les enfers que j'avais désertés. Ils me transportaient dans Toulouse insurgé avec Jean-Pierre Vernant, à Buchenwald avec Claude Bourdet, dans les camps polonais avec Jean-Louis Crémieux-Brilhac, rue du Four, où le jeune Daniel Cordier fait le guet aux abords de la réunion du CNR, sans même un pistolet à eau dans la poche. Aurais-je songé à aller plus avant sans ces porte-malheur qui faisaient mon bonheur ? Je mesure aujourd'hui ce qu'il y avait de manœuvrier dans ces côtoiements roublards. Je rêvais d'un *détournement d'historicité*, semblable au détournement de notoriété pratiqué sur nos pipôles par les maniaques du *selfie*. On se glorifie à bon compte en posant à côté des vedettes, et les miens l'étaient si peu. La différence est que je n'avais pas besoin d'un téléphone portable pour la capture d'aura. Je téléchargeais de l'Histoire rien qu'en plongeant mon regard dans des yeux qui avaient vu l'irregardable, la rédemption par ricochet.

Le salut par les Juifs, professait Léon Bloy. Juif dans l'âme, me restait le salut par les vieux. Né gérontophile, j'ai grandi gérontomane, et finirai aspirant gérontocrate, bien le moins pour un inspecteur des ruines. Est-ce ma faute si mes aînés m'ont si souvent augmenté, et mes puînés, diminué ? L'actuel rajeunissement des cadres n'a pas de quoi rassurer un républicain bien informé, qui sait de source sûre que l'on entre dans l'avenir à reculons. On m'opposera que la Ire République française s'est faite avec des jeunots à poigne. Danton avait trente ans en 1789, Robespierre trente et un, Desmoulins, vingt-neuf. Aurais-je, contre eux, donné ma foi à ce vieux schnoque de Mirabeau, quarante ans, ou au vieil homme indigne, Marat, quarante-six ? Que répondre à cette embêtante objection ? Que ces gamins avaient pris de la patine avant l'âge en s'incorporant toute la vieillesse du monde, Plutarque, Corneille et Caton l'Ancien. C'est la précoce fréquentation des *Vies parallèles* qui fait la différence entre un saboteur et un défricheur, entre une populace et un peuple. La Révolution, c'est la Jeunesse, oui, mais culottée par le souvenir des Thermopyles et matée par les jèzes à coups de latin-grec.

En entendant mes vieux chérubins raconter par bribes leur descente dans les gouffres, j'avais le sentiment d'écouter aux portes d'un mystère dont je ne serais jamais l'organisateur — et probablement pas le témoin. Et pourtant, je me pressais pour frapper au seuil de bronze. Plus de temps à perdre, il est minuit moins cinq dans le siècle, me disais-je souvent, en chrétien de la dernière chance qui ne savait pas que sa chance à lui, et celle des siens, étaient déjà passées, et qui, s'il l'avait su, l'aurait prise pour une malchance.

IV

Qu'est-ce qui vous arrive quand le mal d'Histoire vous prend? Rien. On attend. On ne se lasse pas d'attendre. Et quand ce que l'on a attendu n'arrive pas, on continue d'attendre, un autre mirage, puis un troisième. Quand je n'ai plus de rouge, je mets du vert. Plus de rose? Du bleu. C'est l'attente, notre virus, et ce n'est pas l'apanage des rastafaris, des raëliens ou des adeptes de l'ère du Verseau: c'est de fondation. «Le Royaume des cieux est près d'arriver» (Matthieu, 4, 17), tel fut le leitmotiv du Fils rendu parfait «par les souffrances» (Hébreux, 2, 10), l'antienne du message. Le Messie n'est pas venu pour abolir, mais pour parachever Moïse, les prophètes et les psaumes. «Le juste» est celui par qui la justice divine doit s'accomplir, de façon *imminente,* sans que l'on sache exactement quand, sinon que c'est pour très bientôt. Les temps sont proches. Et comme il y va de la rémission de nos péchés, on joue gros. Une seconde d'inattention, et plus de vie éternelle.

Avec ces points de suspension intercalés depuis deux mille ans entre l'Annonce et l'Avènement, la vie du chrétien, ou de son descendant moins bien famé, désormais au funérarium, le révolutionnaire, est un roman inachevé, un *salus interruptus*, suspendu à un rendez-vous à la fois immanquable, puisque fixé par Dieu, et hasardeux, puisque sans heure ni jour. Les gens du Livre sont appelés à patienter toute leur vie dans la salle d'attente d'une gare où aucun horaire n'est affiché et dont la seule porte de sortie sur les quais, la mort, débouche sur une seconde et angoissante attente, la Résurrection. On a beau avoir baptisé Espérance cette anxiété — un coup de génie —, et nous appeler un dimanche, un meeting, après l'autre à la persévérance, convenons que l'on serait stressé à moins. Et le militant, là-dessus, ne fait pas mieux ni moins bien que son dévot devancier. La position «pause» relève d'un masochisme roboratif, que l'on ne cultiverait pas à ce point si l'on n'y trouvait son compte, jour après jour. Comme chaque matin dans la salle de bains devant le miroir grossissant: irrémédiables, ce nez en pomme de terre, ces joues rondelettes, ces yeux gris éteints, ce début de fanon, tout ce gras et ce flasque à débarbouiller? Non, cette sale gueule à raser n'est qu'un brouillon, attendons la mise au propre. Le grand âge est plus souvent que l'on ne croit un chirurgien esthétique qui nous ravale la façade, épure l'empâté, dégraisse la silhouette. Mitterrand l'a montré. Le ministre trop bien enveloppé de la IVe République, limite radsoc, s'est effacé sous le président de la Ve, un pharaon à l'os, impérial et sculpté par les avanies. Edgar Morin aussi, plus beau à quatre-vingt-dix ans qu'à trente : l'émacié lui sied mieux que le grassouillet. Supporterais-je la blessure narcissique du rasage matinal (vite refermée, il est vrai, par le vibrionnage social qui suit) si je n'étais persuadé qu'après le bouffi provisoire, grossière erreur, émergera plus tard mon visage tel qu'en lui-même rectifié, avec les arêtes et les angles que je crois mériter? Pour le sexe masculin, la vieillesse peut s'avérer un sauvetage — elle n'est naufrage que pour l'autre.

H_2O n'a pas été la découverte d'un poisson ; A_2P, notre formule chimique à nous, les Occidentaux, n'est pas l'invention d'un meneur d'hommes, c'est son gagne-pain, et notre passe-temps : deux atomes d'avenir, un atome de passé ; une fausse réminiscence, deux faux espoirs. Le secret de fabrication n'a pas changé depuis Homère. Une commémoration, plus deux incantations que l'on espère contagieuses. Une image d'Épinal, plus deux coups de collier. L'esprit révolutionnaire, miracle du génie romantique, pousse la formule moléculaire à son meilleur en accrochant nos modestes lendemains au fabuleux précédent. On a pris la Bastille, on en reprendra d'autres, en avant, camarades! Les compagnons du Prophète ont conquis la moitié du monde, souvenons-nous-en, mes frères, mes sœurs, et mettons notre ceinture d'explosifs! Ainsi marche notre Dame. La force propulsive du saint Glinglin n'est plus à démontrer — ni l'utilité des lointains horizons, qui nous tiennent en haleine et, en Occident du moins, font baisser le taux de suicide. La preuve: quiconque sait jouer du pipeau est à peu près sûr de remplir nos cœurs — et les urnes —, car tout ce qui marche et fait marcher, croyants et incroyants, marche à l'attente. Et bien parfois en prit à nos aïeux, n'est-ce pas? Sans le mal du pays et l'espoir de retrouver sa belle à Ithaque, Ulysse aurait-il exploré pour nous les côtes de la Méditerranée? Prophètes, trompe-la-mort et candidats aux élections savent faire bon usage de la recette magique; nous autres, la piétaille, devrions nous retourner vers la justice et demander des dommages-intérêts. La Cour de cassation n'a-t-elle pas reconnu un « préjudice d'anxiété » à des employés exposés à l'amiante angoissés à l'idée de devoir présenter un bulletin de santé à la Sécurité sociale? N'a-t-elle pas également dédommagé pour «préjudice d'attente» des parents que l'on avait fait trop longtemps patienter pour savoir si leur enfant était ou non rescapé d'un accident de la route? Et nous, que faisons-nous d'autre, depuis l'an zéro, que d'attendre le second avènement du Christ, la reprise économique, le Grand Soir, la fin de l'exploitation de l'homme par l'homme, le treizième imam, les États-Unis d'Europe, la victoire de la raison sur l'idéologie et des bons sur les méchants aux prochaines présidentielles, la République sans hiérarchie, avec écoles libertaires et foyers végétariens, la baisse des loyers, l'ouverture des magasins le dimanche, que sais-je encore? Quelle que soit la différence qu'un esprit superficiel puisse faire entre le millénium et le plein-emploi, le fait est que nous avons tous beaucoup poireauté, d'une prédiction glissante à l'autre. N'avons-nous pas fait montre d'une exemplaire longanimité, nous qu'un guérisseur judéo-palestinien avisé, conscient que l'homme est un âne qui, sans carotte, s'arrête et meurt d'ennui, a programmés pour l'espérance, formatés pour le report d'échéance, voués au «creux toujours futur» sonnant dans l'âme du bipède incessamment bafoué.

Aussi aurai-je passé ma vie à attendre l'inattendu après lequel il n'y aura plus rien à attendre, l'événement qui changerait la vie, celle du genre humain et la mienne en passant. J'avais l'idée apparemment évidente, comme toutes les fausses bonnes idées, que demain serait un autre jour. Soit plus que «l'heureux événement» des familles, un chiard de plus ou de moins sur sept milliards, cela ne change pas vraiment la donne (encore qu'un embryon d'Adolf ou d'Einstein…). Non. Par événement j'entendais la foudre qui, d'un nunuche, ferait un «grand témoin», contemporain et capital. C'était sans doute surestimer l'importance du témoin oculaire. Après tout, si Tolstoï avait participé à la bataille de Borodino et Malraux à la Commune de Canton, nous n'aurions pas à disposition *La Guerre et la Paix* et *Les Conquérants*. Mais enfin, le salut, je le voyais dans le coup de théâtre, de tonnerre ou d'État, qui ferait grincer le siècle sur ses gonds, émerger ou s'effondrer un Empire, avec un avant et un après bien dessinés. Par le fer, le feu et le sang. Trois mille morts, c'est la norme biblique, la jauge fixée par Moïse, retour du Sinaï, exterminant les adorateurs du Veau d'or et par Samson le kamikaze, ensevelissant les vilains philistins sous les colonnes du Temple. Ou alors, un meurtre au sommet, archiduc ou Kennedy, que l'on pourra décliner par la suite en romances, films, stèles, complots, délires, thèses et contre-thèses. Maillage sans sillage n'étant que ruine de l'âme, j'exigeais du suivi, du rebond, de l'écho, mais avec du sérieux au départ, des morts de qualité, ou sinon, en quantité. Ce qui excluait «les événements de mai 68», barricades pour rire, ainsi que la victoire des Bleus, le 12 juillet 1998, grosse émotion, petite émeute. Ces critères de sélection ne facilitent pas l'existence, mais si les névrosés pouvaient se la couler douce, cela se saurait, depuis le temps. Étaient de même exclus le tsunami à la thaïlandaise, le nucléaire à la japonaise, le coup de grisou, l'inondation, le crash, le naufrage, le séisme, du fait qu'ils n'ont ni cible ni auteur, ni vaincus ni vainqueurs. Tragédies, oui, mais qui ne rompent aucune chaîne de causes, sans avant ni après. Nous devons nous en remettre, sur ce point comme sur d'autres, à notre haut comité des célébrations nationales, qui a barré le cataclysme de son livre d'or. Effroyable n'est pas sublime. Impressionnant n'est pas signifiant. L'événement patrimonial est un bien rare, dont la rareté fait le prix et qu'il convient de préserver du fait divers.

Le défi est là, justement: ne pas lâcher la bataille d'hommes pour son ombre. Le contemporain fonctionne à l'événement, du soir au matin ; c'est le fonds de commerce du journaliste, du publicitaire, du politique, l'essence dans le moteur. Livre-événement, film-catastrophe, soirées spéciales, flashs, chocs, crashs… L'évêque qui mord son chien, soit l'inverse d'une probabilité d'apparition, c'est la routine, le train-train. Pas facile à déjouer quand la poudre aux yeux tourne au feu d'artifice. Dans un univers où la pollution événementielle n'a d'égale que l'industrielle, où les *news* nous saturent de *junk food*, où le moindre pet de travers fait orage, il faut s'y reprendre à deux fois pour bien distinguer ce qui fait du bruit et mourra avec l'aube, de ce après quoi « les mornes matins en seront différents ». Le job des communicants ne consiste-t-il pas à faire dépenser aux pouvoirs publics des mille et des cents pour élever des foutaises à la catégorie d'événements et rabaisser les seconds au rang des premières ? Pourquoi dénicher le 18 carats quand une verroterie Burma nous en flanque plein la vue ? Le jour de gloire garanti historique, de ceux dont nous pourrons dire plus tard sans nous gêner qu'il nous a donné la chair de poule, alors qu'il en est tant qui nous donnent envie de rire quand nous nous retournons ? Le 1er janvier 2002, par exemple, aux douze coups de minuit, le ciel européen et toutes nos télévisions se sont illuminés de feux d'artifice. Un gigantesque son et lumière, avec une statue de cinq étages dévoilée à Francfort et une *Euro Song* chantée à pleins poumons par un groupe pop, venait saluer en grande pompe la fin du franc français, de la drachme grecque, du mark allemand. Un tournant cosmologique : l'entrée de l'euro sur la scène du monde. J'avoue que mon pouls s'est légèrement accéléré — mazette, c'est du sérieux — en entendant le président de la Banque centrale européenne, M. Wim Duisenberg, déclarer devant une forêt de caméras : « Je suis persuadé que l'introduction des pièces et billets en euro apparaîtra dans les livres d'histoire de tous nos pays et même d'ailleurs comme le début d'une ère nouvelle en Europe. » Il n'y a pas de leçon de l'Histoire, c'est bien connu, sauf celle-ci : le roulement de tambour est mauvais signe. Et le nombre de téléspectateurs, ou de personnes défilant dans la rue, n'est en rien une garantie. Numérisé jusqu'au trognon, l'Occident se drogue au chiffre, l'opium des élites (et vient d'ajouter à l'album le 11 janvier 2015 au seul motif que quatre millions de Français ont alors vaillamment tourné en rond). M'est avis que les vrais tournants ne paient pas de mine et ne coûtent pas cher. Les journées qui feront date ne se programment pas, elles adviennent. Pattes de colombe, petit budget, cinq lignes en page 18 : c'est le moment d'ouvrir l'œil, et le bon.

Dieu sait si j'en ai loupé, des jours J, et pas seulement le 6 juin 1944, Omaha Beach, ou le 27 janvier 1945, Auschwitz libéré par l'Armée rouge. Que d'endroits où il fallait être, *just on time*, quand je courais les soldes dans le quartier. À Rome, le 24 août 410, quand l'*Urbs* fut prise par Alaric Ier, roi des Wisigoths, puis mise à sac trois jours durant. Dans la Ville sainte, le 25 décembre de l'an 800, le jour où le restaurateur de l'empire d'Occident, l'ancêtre de nos Charles, fils et successeur de Pépin, roi des Lombards, des Francs et des Saxons, cinq fois marié, reçut des mains du pape, sur son chef blanchi, la couronne d'or. À Tunis, à côté de Saint Louis agonisant sur un lit de cendres, retour de croisade, en l'an 1270. Où étais-je le 12 octobre 1492 au petit matin, quand le grand amiral de la mer Océane, après avoir cargué les voiles crucifères de la *Santa Maria*, posa le pied sur une plage de San Salvador, dans les Bahamas, avant d'y ficher l'étendard des rois catholiques sous le regard étonné de sauvages nus, incrédules et bientôt syphilitiques? De Marignan 1515, le combat des géants, je cause sans savoir. Et le 14 juillet 1789, côté Bastille? La tête du gouverneur dégoulinante de sang au bout d'une pique m'eût sans doute incommodé, mais personne n'ayant pris de photo ce jour-là, la scène du crime a tourné jour de fête.

De ces jours de gloire déjà bien arrivés qui ont fait la France, l'Europe et l'Amérique, et dont j'eus aimé pouvoir dire, comme Goethe à Valmy, «j'y étais», je n'ai finalement rien à proposer de personnel ni de senti. Je mériterais le billet d'Henri IV au capitaine Crillon, absent bien malgré lui de la bataille d'Arques : « Pends-toi, brave Crillon ! Nous avons combattu à Arques, et tu n'y étais pas. »

Avec l'âge, l'ordinaire nous rattrape, le niveau baisse, on se refait un destin à taille humaine. On se fait petite souris à Clermont-Ferrand, ce jour de 1936 où les ouvriers de chez Michelin n'ont pas ôté la casquette en voyant passer le patron. On planque dans le studio 4B de la BBC, le 18 juin, vers 18 heures, derrière Élisabeth de Miribel, la dactylo du Général. On monte sur le toit, le 24 août 1944, pour apercevoir au soleil couchant les équipages de la *Nueve*, la 9e compagnie formée en majeure part de républicains espagnols, entrer les premiers dans Paris. On aide Malraux à escalader la tribune, pour clamer, place de la République, le 4 septembre 1958, qu'avec la Ve la Ire va revivre. Prouesses de mon âge et plus dans mes cordes, mais qui s'estompent dès le matin au réveil. Vexant. Et pourquoi n'étais-je pas au pied du mur de Berlin, avec Rostropovitch et son violoncelle, le 10 novembre 1989 ? Parce que je n'ai pas d'avion privé, ni pour copain un P-DG qui a le sien ? Non. Parce que j'ai la poisse. Je débarque avant ou après. Cette infirmité peut servir en périodes troublées. Si je me trouve là où ça se passe, c'est qu'il ne se passera rien de vraiment grave. Mes amis me demandent parfois de les accompagner dans leurs équipées au Liban, en Syrie ou en Irak. Connaissant mon CV, ils font confiance : je leur sers de mascotte. Quant à moi, malgré certaines affectations mémorialistes, je sais bien qu'en définitive il ne se sera pas passé grand-chose dans ma vie. Parti pour l'Himalaya et parvenu au camp de base, j'y suis resté en guettant la trouée météo, mais le brouillard ne s'est jamais levé. Incompétence, conduite d'échec, mauvais œil ?

Moins-disant, en tout cas. Faire l'événement, en inventer, en produire et reproduire sans cesse pour créer la surprise, n'est-ce pas le meilleur moyen d'exister aux yeux d'un congénère distrait et saturé ? Et même un *sine qua non* pour les hommes et les femmes « en responsabilité », condamnés à « occuper le terrain » ou bien à disparaître ? Nous vivons dans une société d'ordre, et, chez les Indo-Européens, celle-ci est traditionnellement tripartite (comme trinitaire est notre Dieu). Prêtres, guerriers, paysans. Clergé, noblesse, tiers état. Médusants, médusés, médiateurs. En haut, ceux qui font l'événement ;

à l'entresol, ceux qui l'aménagent; au rez-de-chaussée, ceux qui le lorgnent. Personnalités, journalistes, gobe-mouches: chaque étage de la pyramide repose sur les deux autres. Que serait un *people* sans *paparazzi*, un *paparazzo* sans voyeurs, un voyeur sans lucarne ni *Gala*? Tout se tient dans cette hiérarchie; étagement, oui, apartheid, non; c'est l'honneur de nos démocraties que de jeter des passerelles entre les paliers, et un billet de tombola dans chaque berceau, en donnant au regardeur la possibilité de passer un jour derrière l'écran, pour devenir un reluqué à part entière. Après tout, comme on recrute les militaires dans le civil, c'est avec des lorgneurs qu'on fait des lorgnés, et des demandeuses d'autographes des reines d'un jour. De voyeur à vu, c'est le bon plan des parents qui déshabillent et maquillent leur gamine de treize ans pour le prochain casting.

N'exagérons rien. Que l'on ne puisse poétiser plus haut que son luth, cela me fut confirmé récemment dans la bonne ville de Cannes, lors du festival de cinéma auquel une influente et généreuse relation m'avait permis d'assister, en tant que lèche-vitrines parvenu à l'éméritat. C'est l'endroit où la pyramide se fait cadastre communal à chaque joli mai, un vrai banc d'essai. Sur le trottoir, derrière les barrières métalliques, le *minoto populo*, non badgé, qui attend l'événement. En haut des marches, les stars, chacune avec le look qui la rend *bankable*, photographiable et reconnaissable de loin. Sur le côté, les machinistes et médiateurs par centaines, sans profil particulier, bardés de micros et de caméras. Quand je me présentai au bureau des accréditations, le sas donnant accès au merveilleux durant lequel chaque heure devra être elle-même un événement, une hôtesse d'accueil, me voyant passer, hésitant, d'une file d'attente à une autre, pour retirer dossiers et porte-documents, devinant que je n'étais ni acteur ni réalisateur ni journaliste, s'approcha de moi gentiment pour me tirer d'affaire. En me posant d'emblée la question de confiance : « C'est quoi, votre événementiel ? » Je dus lui avouer, en piquant un fard, qu'en fait je n'avais rien à annoncer, présenter ou commenter. J'étais venu là pour prendre le vent et m'ébahir d'images. Son visage se durcit, ses charmantes collègues, stagiaires d'une grande école de communication, me tournèrent le dos aussitôt. Cet aveu maladroit me fit dévaler la pente en une demi-minute. J'entrai illico dans la catégorie des non-personnes, dans l'interstitiel, compressible mais inéliminable résidu d'écornifleurs, parasites et pique-assiette qui grèvent toutes les manifestations de l'élite, jamais assez étanches, et qu'aucun

agent de sécurité ne pourra empêcher de s'infil-
trer, dans les maisons d'édition le soir des prix
d'automne, le théâtre des Oscars et même les
raouts de l'Élysée, partout où il y a canapés gratis et *people* à alpaguer. Ces gens qui n'ont rien
à faire là, mais qui y sont tout de même, que
l'on retrouvera en rangs serrés devant le buffet
jusqu'à en interdire l'accès à qui de droit, ont
le don de franchir les barrages, hôtesses, mala-
bars ou fonctionnaires du protocole, un bristol
ou non à la main. J'étais enfin à ma place,
du côté des messieurs-dames sans événement.
Ce que l'on aime le plus, c'est ce que l'on fait
fuir le mieux.

V

Le bilan final eût été plus positif si l'on avait pu «tuer du Boche» avant d'aller au cinéma. Recevoir à temps, et sur place, notre deuxième baptême, le bon, le vrai, celui du feu. Rejoindre l'ombreuse phalange en voie de disparition de ceux à qui on ne la fait pas, auxquels nos paltoquets appliquent le sobriquet d'*anciens combattants* pour oublier qu'eux-mêmes n'ont pu franchir la ligne. La guerre n'est-elle pas le révélateur par excellence, qui casse le train-train, crée *ipso facto* un avant et un après et où, gagnant ou perdant, le kif-kif, l'ergotage ou le faux-semblant n'ont plus cours? J'avais eu beau me torturer les méninges, il fallait se faire une raison et cesser d'espérer qu'une météorite grosse comme une planète approche du globe terrestre à trois cent mille kilomètres-heure (zone d'impact encore indéterminée), que le Saint-Père avoue ne plus croire en l'existence de Dieu (mais continue d'assumer ses responsabilités pontificales), qu'une rafale de missiles vraisemblablement tirés depuis le rivage des Syrtes s'abatte sur Marseille (Notre-Dame-de-la-Garde en ruine, des milliers de victimes dans les rues), que le corps du président de la République soit retrouvé à l'aube, gisant à côté de sa jeune maîtresse (tragédie de l'amour impossible, beau comme au cinéma, mais trop pour être vrai). Une vraie déclaration de guerre, en revanche, entre énergumènes bel et bien regroupés, cela restait dans le champ du possible, en cas de pénurie d'eau ou de disette généralisée, ou de tout autre créneau favorable. Chronos décide, un capricieux. À défaut de quoi, il faudrait ajouter à la honte de la guerre, la grande, celle de ne pas en faire une autre pour effacer la première, fût-elle de second choix. Trop gamin pour le Vietnam ou le bataillon français en Corée, et trop écœuré par la torture, à l'âge de la conscription, pour rejoindre les paras en Algérie — d'où mon ami Gilles Perrault rentra vacciné —, la bonace ne m'a pas permis de chausser les pataugas, ni même de faire mes classes. Les Trente Glorieuses n'auront rien eu de glorieux pour les Zorro manqués qui regardaient après-guerre le « parti des fusillés » avec les yeux de Chimène. Nous n'aurons eu droit, les pioupious en chômage technique, ceux du deuxième service, qu'à des « événements » — d'Indochine, d'Égypte, d'Algérie et d'ailleurs — et, à l'âge de la retraite, qu'à des « opex », les opérations extérieures sur petit écran (Irak, Kosovo, Afghanistan, Mali, etc.). Et chacun de tromper sa faim d'épreuves physiques avec de l'exotisme ou du bricolage ou les deux. Tant que le droit à la guerre pour tous ne sera pas officiellement ajouté à la liste (déjà encombrée, il est vrai) des droits de l'homme et du citoyen, l'impossible et nécessaire adoubement a toutes les chances de pourrir les générations à venir, comme il l'a fait de la mienne. Dans la doulce France où « l'idée neuve en Europe » chère à Saint-Just, l'archange de la guillotine, le *bonheur* — défini par Rousseau comme la réunion d'« un ami sûr, une femme aimable, une vache et un petit bateau » —, tournait chocolat chaud et hôtel suisse, il fallait se décarcasser pour échapper à tant d'aménités.

Je crus tenir le bon bout dans l'Hexagone, le 21 avril 1961, avec le putsch du quarteron algérois : une trouée miraculeuse, un jour, ou plutôt une nuit, à marquer d'une pierre blanche, excitante, jubilatoire. Le transistor collé à l'oreille, dans l'attente du 1er régiment étranger de parachutistes censé sauter sur Paris à l'aube, on discutait ferme, rue d'Ulm, sur le choix du véhicule à emprunter pour répondre à l'appel du Premier ministre enjoignant les citoyens à se rendre à Orly à pied, à cheval, à bicyclette ou en voiture. Mes coturnes hésitant sur le véhicule, (l'intellectuel déteste trancher, il soupèse, examine, pondère…), je me rendis à pied jusqu'à la place Beauvau. Le gouvernement distribuait des tromblons dans la cour du ministère de l'Intérieur, où régnait une pagaille, un branle-bas augurant du meilleur. Et j'aperçus même dans le noir l'œil blanc d'un ministre un peu hagard, heureusement dépassé par les événements, M. Roger Frey. Enfin, on y arrivait : une guerre d'Espagne, et à domicile, en français, sans frais de port ! Las, rien ne vint. Je soupçonne de Gaulle d'avoir dramatisé la situation tout en ne se faisant aucune illusion sur la pusillanimité des militaires insurgés («Fidel Castro serait déjà là», aurait-il lancé, goguenard, dès le lendemain). Il avait vu juste, une fois de plus : «On ne fait pas l'Histoire dans le VIIIe arrondissement.» Douloureux constat qui était déjà le sien au moment de s'installer à l'Élysée, en janvier 1959, dans l'ancien palais de la Pompadour. Pour ma part, je rejoignis au petit matin mes condisciples avec une mine d'enterrement et me consolai en m'allant coucher avec une jolie militante. L'amour n'est pas toujours le repos du guerrier. Dans ma classe d'âge, ce fut surtout le dédommagement de qui (il ou elle) n'arrivait pas à faire la guerre.

Jamais avare de mots cruels parce que vrais, le Général avait mangé le morceau en lâchant un jour : « Et quant au reste, tout ce qui grouille, grenouille, scribouille n'a pas de conséquence historique dans ces grandes circonstances. » Et d'ajouter, vachard, « pas plus qu'il n'en eut jamais dans d'autres » : la flèche du Parthe. Que ne se remettait-il en cause, le père castrateur, qui tuait dans l'œuf les grandes circonstances, ne laissant que roupie de sansonnet aux pupilles de la nation, juste de quoi s'agacer les dents en reportant l'ivresse guerrière sur des batailles d'encrier, de sexe ou de prestige, Vadius et Trissotin. Avec un art de prestidigitateur, ce torero faiseur de paix esquivait si bien la corne du taureau qu'il ne laissait aux Rastignac, en leviers de carrière, que la plume ou le stéthoscope. Feuilletoniste ou infirmier, maigres vaillances. Le *French doctor* s'en ira au loin faire bravement le paon sous l'objectif des caméras. Le rhéteur, plus casanier et sans monture, fera du bruit avec la bouche. Pamphlet, trompette, paillettes et plus tard Internet. Sans conséquences historiques, comme chacun peut le constater.

Un étudiant en lettres dépourvu de compétence particulière et que n'obsède pas l'argent

— soit le parfait inadapté social — peut espérer se rendre intéressant de deux façons : en faisant un beau livre ou une belle guerre. S'il fait les deux à la fois, ou l'un après l'autre, c'est le pompon : Hemingway, Jünger, Genevoix, Malraux… Public frissonnant, journalistes au pied, photos en uniforme, arrière-plans fuligineux. Le mot qui s'appuie sur un acte, vrai ou faux, cela pèse double dans l'esprit du lecteur. Mais le bénéfice est d'abord pour le signataire, qui, sans passer par Saint-Cyr ou l'École de guerre ni même une école d'officiers, Cherchell ou Saint-Maixent, se haussera directement de l'opérette à l'opéra, de l'Histoire-diversion à l'Histoire-destin. Outre qu'une guerre fournit des choses à raconter, y compris à un sous-lieutenant qui a crapahuté dans le djebel avec des tirailleurs marocains, elle donne du talent à ceux qui en reviennent (chacun peut croire en sa chance). Elle meuble, elle dramatise, elle *augmente*. Elle ne fait pas que déniaiser le puceau, aguerrir le timide, elle ennoblit le péquenot et absout le richard. Tous mes anges élévateurs avaient fait le Fezzan ou le maquis, la Résistance, les camps. C'était, pour beaucoup, des compagnons de la Libération, le seul ordre national qui commande le respect (et dont le *compañero* latino rapproche mieux qu'en français le *camarade*). Outre la vertu proprement chrétienne d'allier la souffrance à la gloire — une providence quand on tient que le sacrifice, et non la beauté, sauvera le monde —, elle a aussi celle, indispensable au romancier, de mettre le singe à nu, dans ce qu'il a de pire et de meilleur. C'est l'atelier d'écriture idéal, le carnage, d'où peuvent sortir à la fois la saga et le conte, Saint-Ex et Céline, Clark Gable et Bardamu. On ne triche pas non plus dans la course à pied ou le saut à la perche, inaccessibles aux faiseurs et aux hâbleurs, mais le pathos, sur les stades, est plus modeste, et le suspense moins prenant.

Sortir de l'Histoire, n'est-ce pas dire adieu aux armes? Et les sortir, y entrer? Quand on ronge son frein rive gauche, on n'a pas les bonnes cartes en main. Pacifistes héréditaires et compulsifs, détestant l'uniforme, la caserne et la culotte de peau, tenant le *fana mili* pour un benêt ou un fasciste (pas de milieu), nos maîtres à penser nous conviaient, je parle des plus offrants, à «prendre pied dans les tranchées de la guerre sociale et idéologique». Ce qui ne répondait qu'à moitié, ou pas du tout, à la demande d'aventures. D'où l'idée de prendre du large et, l'appel sous les drapeaux se dérobant, d'aller en servir d'autres ailleurs. Un modeste sifflement de balles. Sans comparaison avec les abois du 75 ou le soyeux froissement des 120 dans les airs, le marmitage de

14-18 ou le piqué mugissant des Messerschmitt en 40. Des escarmouches, certes, et un peu cafouilleuses, mais, pour plagier Scaramouche, si le fascisme ne vient pas-t-à toi, Lagardère ira-t-à lui.

Je n'y reviendrai pas, à la cordillère des Andes, lui ayant déjà consacré quelques évocations. C'est en France que l'affaire devait se régler à mes yeux puisque c'est là qu'elle s'était nouée, en 1940. Mais là, inutile d'espérer, le combat mourait faute de combattants. Les divisions ont fondu en brigades (la légendaire 2ᵉ DB est devenue la 2ᵉ BB), l'armée de terre est réduite au quart, le char Leclerc n'a plus de pièces de rechange, le pays ne fabrique plus de fusil d'assaut ni de cartouches (le Famas s'est arrêté, la Manufacture d'armes de Saint-Étienne aussi), et, pour la première fois depuis mille ans, l'armée française devra acheter sur étagères ses armes légères. Plus de service militaire (il sera civique ou rien), plus de règles sur les doigts à l'école (le maître en conseil de discipline), gifles et fessées interdites à la maison (l'Assemblée légiférera demain). Le Conseil de l'Europe veille sur nos bonnes mœurs, et Bruxelles sur l'expansion transatlantique du doux commerce. Pour l'heure, le scout à fanion et fourragère est encore toléré, mais pour combien de temps ? La tendre férocité du Bien trouvera bientôt dans le chant de marche, le feu de camp et le chef de patrouille de sérieux motifs d'inquiétude. Nous sommes passés sous la coupe des gentils. Quand on n'a plus le moral, et plus trop l'envie de comprendre ce qui se passe, on se met à la morale. Aussi nos manuels d'histoire ont-ils envoyé au diable Bayard, Leclerc et Fabien, colonel pour son malheur. La Seconde Guerre mondiale se présente aux têtes blondes et autres sous deux photos pleine page : la rampe d'Auschwitz et le GI en Normandie. Au trou Stalingrad, Koufra, El-Alamein. Plus de place pour les preux, le *stars-and-stripes* a le monopole d'exploitation. Place aux Justes, aux enfants squelettes et à l'amour ingrat des victimes. Le héros, cet individu qui meurt avant l'heure après bien des malheurs, il est séant d'en faire un faux derche, et du résistant, un mythomane ou un crypto, Tartarin ou agent du KGB. Le prix du sang, les entreprises et les ménages sont contre, par nature. Les âmes sensibles et les esprits raisonnables également, c'est logique. Le nouveau, c'est que nos toqués professionnels, nos trublions subventionnés, nos ahuris de métier, bref nos grands intellectuels, n'ont plus que dédain pour la chose militaire, à moins qu'elle ne prenne un tour impérial et humanitaire, avec bras articulé et force drones expédiés en tout bien toute sécurité du fond de l'Arkansas.

Sans doute faut-il être un triste sire, un phallocrate, un scrogneugneu, un rieur dans les cimetières, un cracheur à la gueule de toutes les gueules cassées, pour estimer que si la guerre est un fléau, la paix n'est pas la panacée. Et que, s'il y a des dommages de guerre, il y a aussi des dommages de paix (dont l'impossibilité d'écouter en douce, une larme à l'œil, Mouloudji chanter *Le Déserteur* de Boris Vian). Notre nouvelle matrie prend soin de nous. Elle demande aux citoyens mâles de se féminiser, d'évacuer la testostérone via *video games* et *blockbusters,* et de passer l'homme de Neandertal par pertes et profits. Tant que le cul tient l'affiche, pensent les pourvoyeurs de mobilier urbain, les fusils à pompe resteront au garage. La *Big Mother* aux commandes n'est-elle pas là pour sauvegarder notre santé, notre cadre de vie et «les valeurs de la République» — et nos présidents pour nous promettre non du sang et des larmes, mais des fêtes et des bonus? Il y a des mots à ne plus prononcer en public, sauf à rejoindre les méchants. *Le choc des civilisations,* par exemple. Une évidence pour enfant de sept ans, mais une mauvaise pensée dont les bons esprits se doivent de préserver les adultes.

Godefroy de Bouillon est un salaud. C'est Steve Jobs qu'il nous faut. Cela peut se comprendre. La nostalgie, la violence et les guerres ne sont plus ce qu'elles étaient. Deux camps face à face, eux et nous, une déclaration en bonne et due forme, le retour croisé des ambassadeurs respectifs, tranchées, batailles de chars, prisonniers, conventions de Genève, lois de la guerre et droit des gens, armistice ou Résistance, c'était le bon temps, le nôtre, chez les gens du Nord. Nos expéditions coloniales se déroulent au Sud, gangrènes rongeuses et cancéreuses, sans rapport avec le *Chant de guerre pour l'armée du Rhin* rebaptisé *La Marseillaise*. Ce ne sont plus les puissants, mais des sociétés en décomposition et privées d'État qui se font à présent guerrières par impuissance. Et ces conflits sans début ni fin, ces sables mouvants où l'Occidental, ingénument, s'enfonce sans savoir comment en sortir — difficile de leur prêter, même en délirant, une quelconque valeur sacrificielle, fraternitaire et rédemptrice. Si c'est cette gadoue, l'Histoire, nos vallées helvétiques ont quelque raison de prendre la tangente, avec assassinats à distance et guerre zéro-mort. Tranquillité, sécurité, indemnité, telle est l'auguste devise des magistrates en place. Nos dames écologistes veillent au respect du programme — en réclamant par exemple la suppression du défilé fâcheusement militaire du 14 juillet — pour hâter le jour où le Mal pourra enfin retourner dans le giron bienveillant de mère Nature.

Cela dit en guise d'excuse pour ceux qui ne sont pas morts à temps, dans le Vercors ou ailleurs.

VI

Astrophysicien ou astronaute? Amant de la reine ou son gynécologue? Inutile de préciser, rêveusement guerrier, que j'entendais mettre la main à la pâte, voire à cumuler premier degré et seconde main. Les paysans font le paysage, les historiens ne font pas l'Histoire. Et quand tout le monde sera historien, il n'y aura plus rien à faire, sinon des livres sur d'autres livres, des articles rectificatifs, des colloques sur des anniversaires, des fêtes à propos d'autres fêtes, des questionnements et des docu-fictions, bref «une pratique culturelle au sens plein». Quand l'action d'éclat déserte, on ne peut plus que gloser, célébrer, découvrir, interpréter, commémorer, et le frisson de vivre déchoit en manie de collectionneur. Cet art mélancolique s'appelle, par antiphrase, «la passion de l'histoire». Mais c'est de briser les vitrines qu'il s'agissait. L'événement, je le voulais tout cru, avant sa cuisson en thèse, parc à thème et soirée télé-visée : le grand homme, encore sur pied, avant la bio et le colloque, le bêtifiant et le béati-fiant posthumes ; l'exploit, jazzé, échevelé, sans notes en bas de page, attrapé au vol dans un combat douteux, comme toujours ; Paris, en état de siège, sirènes d'usine, half-tracks aux carrefours, Élysée et Matignon en flammes. Et foin du coupe-faim importé d'Amérique par nos communicants, le *storytelling* ; c'est le plat de résistance qui faisait saliver, dût-on, pour y goûter, pratiquer le baiser au lépreux, en rejoi-gnant ce que le radical-chic, encoconné dans ses campus et ses gazettes, nomme dédaigneu-sement « les cercles de pouvoir » ou « les gens du système ». Cette gauche radicale et bégueule est prudente, ses champions, agitateurs sans actes, auront toujours leur visa pour les États-Unis, qui me le refusent. L'intelligentsia française fait un métier immaculé, quoique dégradé, qui me paraît aujourd'hui légèrement dégradant.

J'entends bien, tout en rigolant des extré-mistes de la phrase, qu'il n'y a pas de muraille de Chine entre ceux qui font passer sur leur bureau les livres de la pile de droite à la pile de gauche, « profession intellectuel », et ceux qui serrent les rangs au mépris de leur quant-à-soi, « profession politique ». L'Histoire est un drôle de drame où l'après fabrique l'avant, où la péripétie tient plutôt à ce que l'on en dira, une fois passée, qu'à ce que l'on y a fait, pendant. « L'Affiche rouge », pour nous, c'est *d'abord* Aragon et Ferrat, et le terroriste russe de 1905, *d'abord* Camus et *Les Justes.* On a beau snober la veuve Clio, la muse de l'Histoire, pour attirer Melpomène, la muse de la Tragédie chargée du service après-vente, c'est un fait que le moindre Roland secrétaire d'État dépend, pour sa réputation, de l'olifant médiatique. Si je me suis replié, de guerre lasse, sur la chronique du règne, quand j'eus tant préféré donner du grain à moudre aux historiens de profession, c'est que, faute de grives, on mange des merles. L'être humain a un vice de conception : au lieu de régler ses désirs sur l'épaisseur de ses biceps, il veut faire ce pour quoi la nature ne l'a pas fait.

Propices les époques où les gens de cabinet sont autorisés à tenir une crosse dans une main et un stylo dans l'autre ; où l'idiot de la famille n'a pas à choisir entre lire les bons auteurs et affronter les tueurs, entre la tribune et la cave. Avec nos accomplis illustres, on avait une Voie lactée au-dessus de nous, une constellation d'ambidextres étincelants, de quoi tourner les têtes. Léon Trotski, commissaire aux affaires militaires, bonne plume, amant de Frida Kahlo, ami de Diego Rivera et d'André Breton (avec lequel il signa le manifeste « Pour un art révo-lutionnaire indépendant »). Thomas Edward Lawrence d'Arabie, fulgurant auteur des *Sept Piliers*, petit archéologue parti étudier les châteaux des croisés, bientôt lieutenant-colonel et bâtisseur d'empire, achevant sa vie comme deuxième classe mécanicien dans une base de la RAF. Romain Gary, la bataille de Londres et deux Goncourt. Ou encore Marc Bloch, l'auteur de *L'Étrange Défaite*, le mandarin-capi-taine, deux guerres à son actif. « Fougères », « Arpajon » ou « Chevreuse » dans son réseau, et pour ses élèves et collègues, Monsieur le profes-seur. Autre temps, autres mœurs. Quand on ne peut plus mettre une charge de plastic, on se rabat sur le bulletin de vote.

Pas étonnant, puisqu'il faut faire avec ce que l'on a sous la main, que, le 10 mai 1981, à 8 heures du soir, un « recommençant » che-vronné, mais non repenti, n'ait pu s'empêcher d'avoir les larmes aux yeux. C'était un frémis-sement d'aile, « l'embêteuse du monde » allait hisser à nouveau les couleurs, la jonction était rétablie avec Gavroche et Jean Moulin. Le nou-vel élu de la Providence (auquel j'avais déjà soufflé quelques formules salvatrices, « vous êtes l'homme du passif » et autres lazzis déso-bligeants) me demanda d'écrire son grand dis-cours pour la cérémonie d'investiture à l'Élysée.

Où trouver l'inspiration? Le cistercien universel et calabrais Joachim de Flore (v. 1130-1202)
me parut seul à la hauteur des circonstances.
Quoique assez lucide pour annoncer, dès 1187,
à Richard Cœur de Lion, en route pour la Terre
sainte, qu'un certain Saladin l'attendrait au
tournant, il demeure un grand professeur d'optimisme, idéal pour les ivresses électorales. Son
schéma tout-terrain d'un temps à trois temps
peut alimenter les prospectus. Il y avait eu le
premier règne, celui du Christ; puis celui de
l'Antéchrist; il y aurait enfin celui de l'Esprit,
au cours duquel l'Église institutionnelle serait
relayée par une nouvelle. J'en fis la traduction : il
y eut Jaurès et Blum, puis Pompidou et Giscard,
il y aurait, jusqu'à la fin des temps, le Programme
commun de gouvernement. Connaissant les
affinités de mon mandataire avec les forces de
l'Esprit et son entraînement au rythme ternaire,
ossature de l'éloquence préfectorale, j'annon-
çai donc par son truchement aux corps consti-
tués la venue du «troisième âge de l'histoire de
France». L'amère patrie verrait la fusion, atten-
due depuis un siècle par le genre humain, du
socialisme et de la liberté (thèse, antithèse, syn-
thèse), dont l'étincelle mettrait bientôt le feu
à la plaine. La malveillance accusa mon porte-
parole d'avoir ce jour-là promis la lune à ses
électeurs, comme le premier politicard venu.

Erreur: il se contenta, plus sobrement, d'annoncer l'arrivée du Saint-Esprit. «Il est dans la nature d'une grande nation de concevoir de grands desseins», et la nation-Christ, celle de Michelet, s'apprêtait à en faire voir à l'humanité. Le nouveau secrétaire général de l'Élysée, Pierre Bérégovoy, à qui mon royal truchement avait soumis la veille au soir mes prophéties pour un ultime *nihil obstat*, était d'humeur plus terre à terre. Il eut beau gommer quelques expressions trop ostensiblement gothiques, un frisson millénariste n'en parcourut pas moins la salle des fêtes et je n'eus qu'à me féliciter de l'inculture théologique des gens de presse quand, le lendemain, je parcourus les comptes rendus: le pompage passa inaperçu. De l'eau sur les plumes d'un canard. Je sentis alors un vaste champ d'épandage s'ouvrir devant moi, social-prêtre à son créneau, au pied de l'autel. Les fins dernières, les bougres allaient bientôt les voir de près, et en tâter de l'histoire sainte. Ce n'est pas un bonbon, attachez vos ceintures.

Ne revenons pas sur les platitudes qui suivirent cette profération régénératrice. Un millier d'ouvrages fort intéressants ont disséqué cette période de notre histoire sans grand intérêt. Énarques à la manœuvre, effets d'annonce sans effet, l'Europe en mythe de substitution pâlichon, et la fesse de l'animateur télé sur le bureau présidentiel. *Business as usual.* On ne pouvait plus se cacher, deux ans après, que le rosissement du discours n'avait été qu'un fugace retour de flamme, un solde de tout compte. Le dernier métro, la dernière vidange.

Les raisons de cette déconvenue ? Les lendemains qui bandent les yeux, comme toujours. L'exagération bavarde d'une petite différence, qu'on appelle la politique. Plus quelques présages propres à rasséréner. En particulier, cette soirée d'*Apostrophes* de Bernard Pivot où l'on vit le premier secrétaire du parti socialiste discuter de chênes et d'écureuils d'égal à égal avec Tournier, Guimard et Modiano, jusqu'à arracher à ce dernier quelques balbutiements. Plus prometteur, on ne pouvait. Le livre et la politique se remettaient en couple. Allait se reconduire le pacte immémorial qui, de Jules César à Winston Churchill et de Maurice Thorez (ou son nègre) à Charles de Gaulle (sans nègre), soude le maniement des hommes à celui des mots. Si la littérature revient dans le jeu, pensais-je, c'est que Madame H. attend derrière la porte. En Italie, l'huissier à chaîne chargé de l'ouvrir, c'est l'opéra. En Grande-Bretagne, le théâtre. Aux États-Unis, le cinéma. Verdi, Shakespeare, John Ford. En France, depuis 1789, c'est ou c'était la prose en style. Vint ensuite un préambule cérémonieux qui ne manquait pas de panache :

la consultation des morts au Panthéon. Pas un homme de l'Histoire qui n'ait été peu ou prou nécromant. Ajoutons la magie du flou : autant ses devanciers souffraient d'un manque rédhibitoire d'ambiguïté, autant l'impétrant, plusieurs hommes en un, avait assez d'ombres à son tableau pour rassurer et confirmer que l'Histoire, la rusée, avance en crabe ou bien s'arrête. La foi s'avive dans la pénombre, et le côté feuilleté du personnage nous préservait de la transparence, l'ennemie numéro un des grandes entreprises. Les chapelles n'ont pas de verre blanc aux fenêtres, ni les reliquaires de couvercle vitré. On ne prie bien que dans le clair-obscur.

J'ai un truc pour tromper l'ennui du monde tel qu'il va : le papier collé. L'odeur d'encaustique part avec l'encens. Comme le peintre cubiste collait un vrai paquet de Gauloises sur une fausse nappe à carreaux, je plaquais, par exemple, les Quatre Mousquetaires sur les quatre petits malins de SOS-Racisme et de la fête des Potes, pour les *requalifier*. Historicité oblige, et Richelieu d'abord : abaisser les grands au-dedans, combattre au-dehors la maison d'Autriche, quitte à faire cavalier seul. Peu porté sur les chevauchées et les trop longues marches, mon champion me livra un jour tout de go ses réticences : on ne pouvait, me dit-il, se mettre à dos à la fois la Maison-Blanche et le XVIe arrondissement, sauf à cumuler les inconvénients et à finir comme Allende au Chili. Et c'est bien à ce sort sublime que je le destinais *in petto*. Soit une guerre civile (Espagne 36), soit un coup de la CIA (Chili 73), la seconde option suivant en général la première. Abel Gance, mauvais présage, venait de mourir dans l'indifférence générale. Et l'abolition de la peine de mort nous privait d'un précieux anachronisme. Manque d'imagination historique ou pression des sondages, il se fit peu à peu évident que la nouvelle équipe préférait épouser son temps plutôt que la future mémoire des peuples. La perspective d'un fiasco magnifique conforme à notre génie, «de défaite en défaite jusqu'à la victoire finale», s'éloignait chaque jour un peu plus.

J'avais une vue assez claire du parfait dénouement, si les choses devaient aller dans le bon sens. Le tableau était le suivant. Le FMI, Washington et l'Otan rendent publiques les inquiétudes suscitées par la nationalisation des banques et des hauts-fourneaux, signes d'une intolérable atteinte à la liberté d'entreprendre. *Le Monde,* dans de retentissants éditoriaux non signés, mais dûment siglés, tout en disant comprendre les soucis légitimes du monde libre, appelle le gouvernement socialo-communiste à se ressaisir, pour une négociation de la dernière chance avec les partis d'opposition. Blocage peu après des autoroutes par les poids lourds, grève illimitée des taxis parisiens. Le comité des intellectuels pour l'Europe des libertés se déclare en session permanente et illimitée dans son QG des *Deux-Magots* jusqu'au rétablissement de la démocratie. BHL, dos au mur et mains nues, multiplie les appels aux grands patrons et aux grands médias afin qu'ils ne fuient pas leurs responsabilités, la liberté est un combat, mieux vaut une douloureuse, mais brève, opération chirurgicale qu'une gangrène pernicieuse, dont on ne sait que trop à quel Goulag elle nous mènera. N'ayant que des amis dans ces milieux, la voix porte (en boucle sur RTL et Europe 1) : Munich, encore Munich ! L'assemblée des évêques de France invite la fille aînée de l'Église et toutes les parties en conflit au respect des valeurs de tolérance et de compréhension mutuelle. Un millier de volontaires bien entraînés, sur ces entrefaites, dont nombre d'exilés fiscaux (Londres, Bruxelles, Genève) et de managers spoliés par un régime d'idéologues incompétents, la BLC (brigade pour la libération des capitaux), débarque à Juan-les-Pins (la VIe flotte américaine croisant au large, mais en dehors des eaux territoriales). L'idée de manœuvre de nos libérateurs consiste à remonter la vallée du Rhône pour établir une tête de pont chez les Allobroges, et pousser ainsi Cadurques, Vénètes et Arvernes, nos alliés, à faire défection. À Paris, des milices de noir vêtues, sorties de nulle part, occupent les ministères. L'état-major ne répond plus au téléphone. *Le Figaro* publie en une des *wanted* avec photos des individus recherchés. Un aviso glisse lentement sur la Seine en direction de Bercy. Mêlés au mugissement des ambulances, les cris affolés des secrétaires et les Mirages III en rase-mottes font que l'on ne s'entend plus dans les bureaux de l'Élysée déjà enfumés. Nous voilà bel et bien coincés, les vivres commencent à manquer. César, *La Guerre des Gaules*: *At ei, qui Alesiae obsidebantur praeterita die, qua auxilia suorum exspectauerant, consumpto omni frumento, inscii quid in Aeduis gereretur, concilio coacto de exitu suarum fortunarum consultabant* (Cependant les Gaulois assiégés dans Alésia, voyant que le jour où ils attendaient des secours était expiré et que tout leur blé était consommé, ignorant d'ailleurs ce qui se passait chez les Éduens, avaient convoqué une assemblée et délibéraient sur le parti qu'ils devaient prendre). Que faire? Attendre l'armée qu'ont formée, à l'appel de Louis Aragon et Georges Marchais, les employés municipaux de Saint-Denis, Aubervilliers et Clichy-sous-Bois. César toujours: *Alterum ad*

Fabium legatum mittit, ut in Solferini fines legionem adducat, qua sibi iter faciendum sciebat (Le président a demandé à son légat Fabius d'envoyer une légion vers la rue de Solferino et d'y prendre position). Nous apprîmes peu après que cette petite troupe avait été bloquée sur le pont des Invalides. Trois rangées de troncs d'arbres, précédées d'un fossé de vingt pieds de large couvert de branchages, interdisaient la sortie d'Alésia par la Grille du Coq, tandis qu'un AMX 10 aux mains des factieux se postait à l'angle de l'avenue Matignon et du faubourg Saint-Honoré. *Postero die Vercingetorix concilio conuocato id bellum se suscepisse non suarum necessitatium, sed communis libertatis causa demonstrat, et quoniam sit fortunae cedendum, ad tramque rem se illis offerre, seu morte sua Romanis satisfacere seu uiuum tradere uelint* (Le lendemain, Vercingétorix convoque son cabinet : il déclare que cette guerre n'a pas été entreprise par lui à des fins personnelles, mais pour conquérir la liberté de tous ; puisqu'il faut céder à la fortune, il s'offre à eux, ils peuvent, à leur choix, apaiser les Romains par sa mort ou le livrer vivant). Le président, imperturbable comme à l'accoutumée, coiffé d'un casque, apparaît sur le perron et, refusant d'écouter les appels à la raison lancés des fenêtres du premier étage par Attalix, Vedrinus et Bianco, foule calmement le gravier de la cour, un rayon de soleil couchant accroche des fils d'or à son heaume. Indifférent à la mitraille, il va jusqu'à la loge d'honneur évacuée par les gardes républicains (ils ont tous déguerpi, sauf un, qui actionne le portail), et voilà le chef arverne, l'ultime héros de l'indépendance gauloise, qui offre sa poitrine aux centurions du Grand Capital. Dehors, sur le trottoir, le blindé léger tourne sa mitrailleuse lourde dans sa direction et une brève rafale met fin à cette intempestive et saugrenue parenthèse ouverte à contretemps, en 1981, par les derniers sauriens de l'âge totalitaire. Je n'exclus pas qu'Hollywood ait pu relayer Jules César dans ce scénario insuffisamment politique, mais quel téléspectateur n'aurait voulu être le témoin, sinon le protagoniste, d'une pareille apothéose ?

L'option « montée aux extrêmes », toute clausewitzienne qu'elle était, ne fut pas retenue en haut lieu, où l'on craignait pour les cantonales. Un bébé énarque, crocodile à l'élevage tombé là par hasard, répondant au nom de François Hollande, aussi étranger à la terre des *pronunciamentos* qu'à la guerre des Gaules, haussa la voix en réunion de cabinet contre ces bons plans, pour dénoncer « une stratégie suicidaire de nature à priver d'avenir toute une génération, voire à faire perdre espoir en un changement

de majorité au conseil général de la Corrèze ».
Sur foi de quoi intervint la pause des réformes.
J'avais donc pris, une vraie manie, un chant du
cygne pour un lever de rideau. Sur la queue de
poisson, l'homme nouveau n'a jamais chipoté.

Je mesurai alors la bourde que j'avais com-
mise en ne périodisant pas à bon escient le
flux trop fluide des millénaires. On traverse
l'époque en somnambule, et quand on se
réveille, passez muscade, on est refait. Truc-
muche remplace Trucmolle aux Transports et
aux Voies d'eau ; une tête brûlée vous met au
défi de signer une pétition contre le racisme et
l'antisémitisme ; un risque-tout, de vous déclarer contre le viol des enfants, folle audace ; et
le ministre de vous faire comprendre qu'on
apprécierait en haut lieu de vous voir donner
une perspective historique au dernier coup de
pouce apporté aux pensions de réversion.

J'avalai ces couleuvres stoïquement, en m'op-
posant des indices de lieu et de temps, éter-
nels alibis. Un Français dans la flambante
Europe fait tache, c'est un *has-been* ; un républicain dans la république du centre fait rire,
c'est un Alceste. Pas plus à sa place qu'un rescapé des catacombes à la cour pontificale ou
un vieux bolchevik chez les apparatchiks. L'in-
vocation des grands ancêtres par un grognon
de comédie est ressentie comme une injure par

les gérants de la boutique. Il est vrai que je ne portais pas mes diverses croix de guerre intérieures, Victoria Cross, drapeau rouge, médaille de la Résistance — élégance élémentaire —, et que mes patrons, quand ils m'honoraient d'un regard, ne pouvaient voir, malgré poignée de main virile, cambrure de cavalier et regard bleu clair, les cicatrices d'un ancien pilote de la RAF qui avait tenu le ciel d'Angleterre en 1940, d'un vétéran de la 62ᵉ armée de Tchouïkov qui avait bondi à Stalingrad d'un pan de mur à un autre jusqu'au QG du maréchal von Paulus, d'un copain de Marek Edelman qui s'était échappé *in extremis* du ghetto par les égouts, d'un insurgé FTP (on n'est pas nombreux dans ce cas) fait compagnon de la Libération à la gare Montparnasse, à côté de Rol-Tanguy, le 26 août 1944, des propres mains du Général. Avec de pareils états de service, me commettre aux basses œuvres rhétoriques poussait l'irrespect un peu loin. L'Élysée alla jusqu'à me réquisitionner pour composer un discours ennuyeusement présidentiel afin d'honorer les mânes d'un dénommé Jean Monnet, un homme d'affaires franco-américain panthéonisé pour services rendus au marché libre et non faussé. La goutte froide de trop. Elle me fit sursauter, comme au sortir d'un mauvais rêve. La très politicienne période que je venais de traverser, était-ce pour de vrai ?

Réaliste, sans aucun doute, mais réelle, j'en doutais. Un faiseur de songes est ainsi fait que l'actualité devient onirique à ses yeux dès qu'elle ne le fait plus rêver.

VII

De discrets appels de phare en provenance de La Boisserie me revanchaient en douce de ces humiliations. Le retraité de Colombey, après avoir mis un terme à ses fonctions au moyen d'un référendum délibérément imbécile, s'était replié dans son manoir pour y écrire, par anti-phrases, ses *Mémoires d'espoir* (lui qui n'en avait plus guère). Il s'aidait à cette fin de son ancien chef du service de presse à l'Élysée, le diplomate Pierre-Louis Blanc, qui venait régulièrement de Paris lui apporter sa matière première de dossiers et documents. Ce serviteur de l'État, excellent homme, était devenu un ami par le hasard d'une rencontre, et il m'informa un jour par téléphone que le Général souhaitait déjeuner avec moi. L'intention me parut des plus louables, et cet appel des forêts mérovingiennes, parfaitement adapté à mon pedigree comme à mon tempérament.

Je ne laissai pas de m'interroger sur le but précis de notre entrevue. Si j'étais certes heureux de pouvoir réparer l'affront qu'avaient fait au Grand Charles mes aînés normaliens, le 21 février 1959, quand certains refusèrent de lui serrer la main lors de la seule visite qu'il fit à notre École, je me demandais ce qu'il avait exactement en cime, notre chêne encore debout?

Me donner à lire un chapitre de *L'Effort* qu'il venait de terminer? Me demander mon interprétation du *Suréna* de Corneille et de sa fin tragique? Ou tout bonnement faire le point sur les affaires de l'univers? Cherchait-il un remplaçant à Massu, parce que Baden-Baden et de mauvais souvenirs? à Malraux, parce que le grand ton, ça gonfle, à force? à Romain Gary, parce que Jean Seberg et le refus de tante Yvonne d'ouvrir sa porte à la luxure hollywoodienne? Sans doute savait-il qu'avec moi, vu mon humilité bien connue, il n'y aurait après nos échanges ni livre ni communiqué, ni les clichés habituels, l'œil rond d'éléphant, le moelleux du menhir, l'urbanité du diplodocus, etc. De mon côté, je pressentais chez l'homme du 18 juin un coup de blues propice aux silencieuses télépathies. Nous avions en partage, outre certaine répugnance au monde frelaté de la presse et du spectacle, l'art du bluff, le goût âcre du néant et une incapacité très vieille France à aimer la

France telle qu'elle est. Le reclus avait appris, par Thérèse de Liancourt, une ancienne de la France Libre qui fut consule à La Paz quand je n'en étais pas loin, que j'étais également sujet à des vagues de tristesse chaque fois que me revenaient en tête les couacs de l'existence. La tentation non de Venise, mais de la Haute-Marne, autant dire du suicide, ne m'était pas étrangère. «Tout est fichu», marmonnait-il lui-même à chaque retour en arrière, reprenant l'expression familière à tous ceux qui savent à quoi s'en tenir. Bref, il n'était pas idiot d'espérer, comme en algèbre deux moins font un plus, que deux crépuscules additionnés par un après-midi d'automne fassent derechef une promesse de l'aube.

C'est ainsi qu'un samedi du week-end de la Toussaint, de tôt matin, je pris l'autoroute de l'Est dans ma R4 (achetons français). Pourquoi pas le train pour Bar-le-Duc, comme le tout-venant des Compagnons? Pour m'offrir quelques arrêts pipi, et m'encourager à chaque halte d'une gorgée de bourbon (je n'aurais pas osé tirer ma fiasque de ma poche dans un compartiment). S'il est vrai que j'avais pour les grands hommes en général, et ce Général en particulier, un a priori de tendresse, j'ai toujours du mal à laisser parler mon cœur. Face à la difficulté en chair et en os, je perds mes

moyens, rougis comme un bleu et bégaye piteu-
sement. Aussi ai-je pour habitude, connaissant
le convenu et le guindé des rencontres au sommet quand elles n'ont rien d'inopiné, de me
décontracter avant l'heure avec une ou deux
rasades de whisky. Bref, je ne peux nier que
j'avais le trac, ce qui me poussa à siphonner un
peu trop ma réserve en me dégourdissant les
jambes dans la forêt des Dhuits. Je devais me
présenter à midi trente devant la grille. Dans
ces cas-là, par peur d'être en avance, ce qui
fait plouc, on prend de la marge, quitte à faire
les cent pas dans la rue pour se donner une
contenance. Aussi, pour sauver la face et tuer
la dernière demi-heure, je m'installai au bar
de l'hôtellerie *La Montagne*, avec, patriote toujours, un verre d'alsace, en oubliant que je ne
tiens pas l'alcool et les mélanges encore moins.

Quand je me présentai à l'heure dite au garde
républicain dans sa guérite, j'avais plus que mal
au cœur, j'étais fin saoul. Nous remontâmes
vaille que vaille de conserve l'allée centrale
(d'où j'aperçus, au loin sur la gauche, entre mes
brumes, un golf miniature, faute de goût qui
me désarçonna), jusqu'au perron du manoir où
la vigne vierge n'était plus qu'un treillis dédoré.
M'attendait, en haut des marches, vérifiant
sa montre et en grand uniforme, le colonel-
comte Emmanuel Desgrées du Loû. Après les

congratulations d'usage, la pose de mon imper dans le cagibi sous l'escalier de bois montant à l'étage — sidérante banalité de cette gentil-hommière —, l'aide de camp me fit traverser le salon. Je saluai du bonnet tante Yvonne à ses points de croix, qui me sourit et me lança tout de go : « Charlotte a fait pour vous un poulet à la morille, vous m'en direz des nouvelles » (au seuil de l'Événement, on ne s'étonne plus de rien). J'arrive aux avant-postes, à la porte à double battant de chêne (remplacée depuis par une cloison de verre, transparence oblige) donnant accès au bureau bibliothèque. Je ne monte plus au front, je tangue. Remontées gastriques, rôts, langue pâteuse, panique. Une purée de poix. Je distingue à travers la porte ouverte, à contre-jour, une masse pyramidale se lever de son siège, me tendre une main d'en-fant à la paume toute rose et me souhaiter la bienvenue. C'est à cet instant précis qu'une âcre et blanche mousseline se met d'abord à bouillonner dans ma bouche puis à jaillir sur le tapis, avec quelques éclaboussures latérales sur les feuillets manuscrits posés sur la table, et, avant même d'avoir pu serrer la main tendue, je m'effondre sous le bureau Empire. J'entends alors la voix étonnamment flûtée et gouailleuse de Charles de Gaulle : « Desgrées, enlevez-moi de là ce petit coquin, appelez Charlotte pour nettoyer, et si vous n'avez rien de mieux à faire, restez déjeuner avec moi.» Le colonel-comte s'accroupit pour m'extraire de sous la table, me traîne jusqu'à la cuisine, me passe la tête sous l'eau froide (un évier de ferme en grès tout cabossé) et me reconduit par la peau du cou vers le perron d'entrée, que je dégringole en flageolant et sans mon imper. Je cafouille et bafouille une excuse. Après, brouillard complet. C'est plus tard, à mon réveil, comme toujours, que m'est venue la réplique à faire sonner dans pareille circonstance: «Je suis ici par un décret de la Providence et n'en sortirai que si on me rend mon imperméable.»

Dans le genre rendez-vous manqué qui m'est cher, je peux sans mentir me flatter d'une assez belle réussite.

Cette déconvenue m'a poursuivi maintes fois au cours des longues insomnies précédant ma désintoxication, et, à chaque reprise, je me retrouvai en sueur, juste à l'instant de vomir, mort de honte, et la cuvant jusqu'au soir. Je n'ai donc jamais pu savoir pourquoi de Gaulle, avant de rendre son âme au Créateur, m'a fait venir à Colombey. Je ne broderai pas sur le sens profond de sa démarche, je reste coi, point final. Il faut être sérieux dans la vie, je n'aime pas qu'on se moque du monde.

VIII

Qui voit l'herbe pousser? Les Romains n'ont pas vu la Rome antique se faner. De même n'ai-je pas vu le fumeur de pipe disparaître au loin dans les neiges d'antan. Cette silhouette familière du paysage parisien des années 1950 s'est estompée sans que l'on y prenne garde. Disparition considérable dont je m'étonne qu'elle n'ait pas sa place dans les dictionnaires d'éthique et de philosophie morale (nouvelle preuve que les sociologues, historiens et philosophes se foutent du monde). Ce signe avant-coureur aurait dû m'alerter. Ce qui s'absente à bas bruit est plus riche d'enseignements que ce qui fait le *buzz* pour nous donner le change. Je m'en veux d'avoir pris pour un détail le silencieux suicide de cette noblesse plébéienne et débonnaire, secrètement incommode, constituée, dans nos contrées et notre court XXe siècle, par les gus à bouffarde.

Nous qui n'en avons plus que pour les victimes, nous aurions pu au moins offrir un *De profundis* à ce héros, victime du changement climatique. Il n'a pas succombé à la loi Évin ni à nos dernières campagnes hygiéniques, mais à l'arrivée des hommes réactifs et pressés. L'air du temps l'a euthanasié sans mot dire. Ce valeureux mammifère est parti sur la pointe des pieds, comme les ruminants herbivores d'Europe, nos cerfs et nos bouquetins. Extinction naturelle. Le sacrifié était du genre modeste. Le type en retrait, qui ne la ramène pas mais n'en pense pas moins. Difficile à atteler. Un bourru, un ours, un récalcitrant sans le dire. L'homme au cigare est un non-conformiste qui cultive, lui, la dissidence par le haut, prend plaisir à afficher son plaisir et son dédain des conventions, non sans quelque insolence, voyez Churchill (je suis riche, je suis lord, et je vous emmerde). L'homme à la pipe procède par le bas, les encoignures. Ce n'est ni un dandy ni un aligné. Il ne marche pas au sifflet. Il arbore une réserve goguenarde doublée souvent d'une barbe fournie, c'est un rebelle calme. Rien de l'excité ou du faiseur. Du solide. Brassens, Simenon, Guevara, Chabrol, Giono (et aussi Benoît Frachon). Je ne veux pas enjoliver le tableau. Staline aussi en était, ce à quoi Trotski aurait dû prendre garde, mais l'urbain méprisait le bouseux, le matois qui suçote sa bouffarde devant l'échiquier sans mot dire, et médite son prochain coup sans se laisser éblouir par le dernier cri, et hop, échec et mat.

Les fumeurs de pipe, c'était l'armée de réserve de Madame H. La maréchale opère dans le calme et déteste les messieurs «deux cents à l'heure». Se faire un temps à soi, c'est justement à quoi s'exerce avec délice celui qui creuse à petites bouffées son trou dans notre maison de fous. Celui qui prend son temps sans pour autant coincer la bulle, en sortant sa blague, sa tirette et tout l'attirail. Il en faut de la patience pour récurer, bourrer, tasser, ramoner, vider, désemboîter, et recommencer. Il en faut aussi pour gagner une bataille, une circonscription ou une place dans le Malet-Isaac. Bonne propédeutique que le maniement d'un brûle-gueule qui fait corps avec son propriétaire, dont il faut prendre soin, quand la cigarette, cette indifférente, se jette après usage dans le caniveau (ou sur le trottoir-poubelle des cafés-bars). Griller une sèche, cela va avec la hâte de se faire un nom et de casser la baraque, bouge-toi l'Europe, grouillez-vous les gars. Non. Sortez le cure-pipe. Prenez du champ. Tirez le rideau. La fumée, c'est le fossé antichar. La redoute spirituelle. La bulle intimiste et méditative où se recueille le ruminant, la main réchauffée par le fourneau, en luttant silencieusement pour rassembler ses pièces détachées. C'est la cellule du bénédictin en promenade sur les grands boulevards, au nez et à la barbe des surbookés, des trop pressés, des hystériques, qui régulièrement ratent le coche à force de foncer dessus. Ce n'est pas un hasard si neuf révolutionnaires sur dix sont passés par un long stage d'immobilité en prison, s'entraînant de la sorte aux desseins impavides et longuement mûris. L'histoire appartient à ceux et celles qui, s'étant levés tôt, n'attrapent pas la bougeotte après le petit déjeuner. Luc nous a prévenus (10, 38-42). Jésus est reçu par deux sœurs, Marthe et Marie. L'une s'affaire et vibrionne, l'autre reste à ses côtés, paisiblement. Marie, dit Jésus, a la meilleure part. Les agités mâles peuvent s'approcher de Marie en s'aidant de cet appendice de bois poli, de bruyère, d'ébonite ou de buis, dont le rassis subliminal aurait pu, me semble-t-il, excuser le viril apparent. Mais rien n'y fait. Photoshop a effacé la pipe de Tati et retiré la cibiche du bec de Malraux et de Lucky Luke, au motif que héros et fumeur, désormais, cela fait deux. Puissent les nouveaux *Blake et Mortimer* garder leur attribut tribal, contre vents et marées. Pour ne pas nuire gravement à la santé, on nous interdit l'accès à l'historicité, qui veut des forces tranquilles. L'air du temps est au féminin et qui arbore stoïquement la pipe est du mauvais côté de la barrière (le poilu dans les tranchées) ; il est au *djeune*, et la chibouque est d'âge mûr ou tendance senior (l'ado préfère les clopes) ; il est à la vitesse, et le vieux loup de mer est un placide, qui accroît son plaisir par des préliminaires. Vertus hier, vices aujourd'hui. Le fumeur de pipe ne pouvait résister à la conjuration du stress, des plans santé et du look junior. Alors que le fume-cigarette est de droite, et la pipe de gauche, nos mœurs assassines en font, un comble, le stigmate du réac à fesser en public.

Aussi la plus noble manufacture du Jura est-elle tombée en déliquescence (à Saint-Claude, quatre mille pipiers sur douze mille habitants en 1912, trois aujourd'hui). Cette industrie s'est affaissée avec la IVᵉ République, et pour les mêmes raisons : tuée par la nouvelle vague, comme le fut Maigret par Humphrey Bogart et la gymnastique suédoise par le *fitness*. La pipe a subi l'opprobre jeté sur «la qualité française» (Audiard, Verneuil, Jean Richard), Edgar Faure étant à la Vᵉ République ce que Chabrol était aux *Cahiers du cinéma* : un salut au drapeau. Son côté pépère et provincial, bedaine, gilet et gousse de montre, qui n'est qu'une couverture, nous a caché ce qu'elle a de subversif. Heureusement, Albion était là. Ce qui a permis aux maîtrespipiers survivants de se tourner vers Londres, éternel refuge de la noblesse du monde (dont nos traders de la City ne sont pas membres).

Il n'y a pas à s'étonner que la Grande-Bretagne, l'aristocratie des démocraties, puisse mieux que nous serrer les dents et faire bande à part, impavide dans les débâcles. On y a fumé la pipe plus longtemps qu'ailleurs, dans les clubs et sur le pont. C'est, avec le parapluie et le melon, l'insigne national du flegme, l'étendard de la tribu comme la baguette pour nous, le kilt écossais, la chope bavaroise ou la fleur de cerisier japonaise. Le Chinois se protège du barbare derrière un sourire indéchiffrable et des volutes de fumée blonde. Le Britannique a un double rempart : la Manche et la pipe. Le totem du British a insufflé à ce peuple de marins et d'aventuriers — les insulaires sont plus doués pour l'aventure que les Continentaux — une capacité de résistance dont les adeptes de la gitane-maïs n'ont pas eu trop à se plaindre entre 1940 et 1944 (Churchill tirait sur le havane pour faire l'original, extravagance d'un provocateur de grande classe). Les Anglo-Saxons Blake et Mortimer, dans la BD culte d'Edgar P. Jacobs (1946), ont naturellement revolver au poing et pipe aux dents, qui font la paire. L'un est capitaine écossais, un homme d'ordre, l'autre, ingénieur gallois, un homme de science. Pas d'enfants ni de figures féminines, ni sexe ni sentiments : le devoir. Les gredins d'en face — Olrik, Septimus ou le traître Magon — n'ont droit qu'à la cigarette. Popeye, à côté de ces chevaliers du monde libre, fait Pieds nickelés. Comment ne pas être anglophile ? Quand on a son *home* de buis dans sa poche de tweed, on peut transporter tranquillement ses pénates au Zambèze comme en Corrèze, aux Indes comme en Normandie. Le tuyau cumberland va avec l'*understatement*, l'humour et l'Intelligence Service. On n'est pas flambard outre-Manche, on tient la rampe. *Fortiter in re, suaviter in modo*. Dommage que les mâcheurs de chewing-gum, maîtres des visuels et des échos, aient volé la vedette dans nos rétrospectives et nos albums aux fumeurs d'Old Dublin et de Van Dyck, comme on ne le voit que trop lors des commémorations du *D-day* sur nos plages, où le Français oublie parfois d'inviter la reine Élisabeth. Les GI en imposent plus que les tommies : ils ont le grand écran pour eux. Quant à l'injure posthume faite aux buveurs de pinte par les bouffeurs de grenouille, c'est celle, mesquine, misérable, du mégot à la pipe.

Cette dette historique, soyons franc, ne me serait pas revenue en mémoire si je n'avais eu la chance d'appartenir à la dernière génération de bacheliers qui a pu voir en terminale son prof de philo, avant d'entrer en classe, plier la jambe gauche, placer son talon à la hauteur du genou droit et y cogner son fourneau de bruyère à petits coups secs, pour en extraire les derniers brins cendrés. Le geste illustrait le recueillement propitiatoire de la pensée. Muglioni, mon mentor, m'a dit plus tard avoir emprunté ce tic à Jean-Paul Sartre, son collègue plus âgé qu'il avait vu faire la même opération dans la cour du lycée Pasteur quand lui-même entrait dans la carrière. Privilège de l'âge, encore un. D'autant que, passant hier sous les galeries du Palais-Royal, j'ai soudain humé une odeur mauve entre miel et vanille, relevée d'un fond de fauve et de vieux cuir. Un inconnu (casquette, velours côtelés, tempes argentées), une pipe entre les dents, m'avait pris dans son sillage. De l'Amsterdamer, pour sûr! C'est tout un siècle disparu qui me rentra alors par les narines, dans une bouffée d'exaltation proustienne. Je sautai par-dessus le mur des années sur une de ces fusées olfactives qui nous font voyager gratis le long du temps, grâce au paradoxe qui donne au plus animal de nos organes des sens le plus long rayon d'action.

IX

Un gugusse qui a assisté en direct à la fin d'une civilisation ne peut-il être tenu pour un trésor national vivant? Si le même n'a rien compris à ce dont il s'agit, ne serait-ce pas plutôt un parfait imbécile? Faisant partie des cinquante millions de Fabrice à Waterloo qui prirent un changement de monde pour un changement de décor, je ne sais à quel des deux statuts prétendre, mais n'ai plus aujourd'hui aucun doute sur le terminus de l'ère chrétienne dans notre finistère: il est daté du 19 mai 1974. Quel historien sérieux s'aviserait à présent de contester ce point de fait (tout dédaigneux qu'il puisse être des précisions chronologiques)? Que ce fringant crépuscule, avec ses quatre jockeys de l'Apocalypse qui nous arriveront bientôt de l'intérieur à pas feutrés — *trader*, comique salarié, chômeur et fils de pub —, m'ait échappé sur le moment ne plaide certes pas pour ma perspicacité, mais peut s'expliquer parce que, d'abord, nul n'est contemporain de son présent ; ensuite, plus radical est un bouleversement, mieux il sait s'enfouir ; enfin, nous sommes si habitués à voir des non-événements transformés en événements par nos communicants que nous oublions que l'opération inverse peut tout aussi bien nous pendre au nez et habiller une rupture anthropologique en victoire électorale. J'aurais bien ri si l'on m'avait dit qu'une anecdote aussi peu métaphysique que l'élection à la présidence de la République d'un juvénile et photogénique ministre des Finances, incollable sur le serpent monétaire et le baril de pétrole, allait, sur la longue durée, mettre un point d'orgue à deux mille ans d'efforts pour entamer l'âge du confort (intellectuel, matériel et spirituel) et substituer, dans notre perception du temps, à l'image de la flèche celle du cercle, morne recyclage. Dans le nez de Cléopâtre et l'effet papillon, il y a toujours quelque chose de vexant à la fois pour la raison et pour l'ego, tant notre amour-propre exige qu'une Main invisible préside à nos affections comme à nos afflictions, car si l'effet a une cause à sa mesure, il devient mérité et presque légitime. Que la fin d'une ère ait été suspendue à un cheveu (50,6 % des voix), et du si grave à du si léger — quoi de plus anodin qu'une alternance dans le jeu de bonneteau électoral —, heurte le sentiment que nous avons, bien à tort, des hommages dus à notre importance.

Ce qui naît et meurt dans les têtes fait la nique au chronomètre. Les historiens de l'Antiquité tardive disputent encore de la date d'expiration de l'Empire romain : 312 (conversion de Constantin), 410 (sac de Rome par Alaric), 476 (déposition de Romulus Augustule par le chef germain Odoacre), 480 (assassinat en Dalmatie de Julien Nepos). L'art de la césure est tout de finesse, comme celui du thé et du bouquet, et je me garderai de faire le Japonais, indépassable dans la découpe du temps et des corps (notamment de la femme aimée à des fins de conservation dans le réfrigérateur). Je crois néanmoins que l'accélération de l'Histoire rend possibles des découpages hier encore aventureux. Qu'il n'ait fallu qu'à peine cinquante ans pour identifier le *turning point* de notre civilisation fait partie des bénéfices historiographiques de l'âge de la vitesse. La curie romaine elle-même, l'ultime abri des pieuses patiences, en a fait profiter la cause des saints, pour précipiter le décret en héroïcité des vertus — *Santo subito.* Partout, l'humanité prend de l'avance, qu'il s'agisse des saisons, des grands anniversaires ou des transferts au Panthéon. La postérité d'aujourd'hui imite la reine d'Angleterre : elle n'attend plus personne.

On eût beaucoup fait rire l'empereur Tibère en lui annonçant que son ère avait déjà une remplaçante en Galilée dans un coin perdu aux bords du Jourdain. Les forums, les vestales, les aigles des légions et les ides de mars témoignaient à l'évidence d'un Empire plus durable que l'airain, d'élite, dominateur et sûr de lui. Qu'ils soient païens ou chrétiens, les canards décapités continuent de courir sur leur erre et prennent la force de l'habitude pour la force des choses. Le grand argentier propulsé en 1974 sur le pavois, et dont la moralité, faut-il le préciser, ne souffre aucune comparaison avec celle de Tiberius Claudius Nero, *alias* Néron, demandera, lui aussi, si les cathédrales, notre week-end de Pâques, nos arbres de Noël et le bleu marial du drapeau européen orné de douze étoiles, comme il est stipulé dans l'Apocalypse de Jean, ont disparu à la fin de son mandat. Accusera-t-il l'erreur de calcul, habituelle en ces matières fluctuantes (Denys s'est trompé, le Christ est né six ans avant sa naissance officielle) ? Arguera-t-il que son passage sur terre n'a pas bouleversé les esprits ? Jésus non plus, en l'an 30, et Bouddha est mort incognito. C'est le destin des hommes charnières. Célèbres sont tous les prix Nobel de littérature, sauf le premier d'entre eux, Sully Prudhomme, dont nul n'a souvenir. C'est injuste, mais c'est ainsi.

Comment garder l'Histoire en vie dans les têtes si, Soljenitsyne en alibi, on abandonne l'économie du salut en cherchant son salut dans l'économie ? Certains détails insolites auraient pu me mettre la puce à l'oreille : les filles du candidat présentes sur ses affiches couleur, la France regardée au fond des yeux, comme une pétasse dans un bar, puis, lors de la cérémonie d'investiture du « plus jeune président de la Ve République », le passage de l'habit au complet-veston, la descente à pied des Champs-Élysées, aucun livre en vue sur la photo officielle (le plein air après la bibliothèque), la première allocution en langue anglaise, la présence de Madame au coin du feu entre un bouquet de violettes et une pendule dorée, la suppression du 8 mai comme jour férié, bref, une décrispation, un relâchement habillé en relaxation, un soulagement des rituels et contraintes qui avaient jusqu'alors permis, malgré tout, de bien se tenir (ou de faire semblant). Tout devint plus jeune, plus léger, plus primesautier. Les périodes de transition sont riches en embrouilles parce que le déclinant et l'émergent se chevauchent en sorte que la limite au-delà de laquelle notre ticket n'est plus valable se dilue dans une brume d'aube dorée. C'est le reproche que l'on peut adresser à Jean de Patmos, avec son Apocalypse en film-catastrophe, Armageddon, Gog et Magog. Il nous a fait accroire que l'Histoire sera convulsive ou ne sera pas, quand une nouvelle époque de l'esprit s'inaugure en pull-over et col ouvert, avec des dînettes chez Mme Michu, et des retours chez la légitime à l'heure du laitier. L'apôtre n'eut raison que sur un point : l'Antéchrist n'a ni cornes ni pied fourchu. C'est un prince charmeur et compétent, un Alcibiade polytechnicien et chuintant, un rejeton des meilleures familles décriant le criard et fuyant l'anguleux, qui ne veut que du bien à ses concitoyens, en particulier aux moins de dix-huit ans et aux femmes enceintes contre leur gré (merci à lui). Son but final : convertir ses excités de compatriotes en libéraux, Européens, propriétaires, épargnants, actionnaires, en un mot, centre droit.

Il se passe quelque chose de sérieux quand la détresse humaine quitte le monastère pour le dojo bouddhiste, M. l'abbé pour le lama tibétain et l'examen de conscience pour la « méditation ». D'un autre côté, le tarissement des millénarismes séculiers jusqu'alors alimentés par la fontaine chrétienne — disons, le remplacement de Mao par le dalaï-lama dans les esprits avancés — me semblait devoir retenir l'attention. Je n'ai pas de suite mesuré ce qui se jouait de *spirituel* dans le *glissando* prosaïque et bien plus contraignant du charbon au pétrole et du mineur de fond au technicien de surface, du cinéma d'art et d'essai au multiplex, de la ronéo à la photocopieuse, de la bibliothèque à la médiathèque, de la réclame à la pub et du cahier au classeur, de l'hôtel breton de M. Hulot au Club Med de Djerba, de l'allure au *look*, de la diapo au PowerPoint (et plus tard du tableau noir au tableau blanc interactif), des «ennemis de classe» aux «partenaires sociaux», du florilège au *best-of* et du palmarès au *hit-parade*, du «cours d'éducation civique» à «un enseignement d'initiation à la vie économique et sociale», de la villa Phénix aux barres de banlieue, de *Vaillant* à *Hara-Kiri*, de la devise au logo, du bus à plate-forme (attrapé à la volée en décrochant la chaîne dans le dos du contrôleur) au bus à porte rabattante (forçant de poireauter sous l'abribus comme un con). J'ai même, soyons franc, vivement apprécié le passage de la pin-up aux seins moulés dans un jersey (que l'on scotchait au vestiaire à l'intérieur de son casier) au *top model* en couverture, du porte-jarretelles aux bas Dim, du château fort à bigoudis aux longs cheveux flottants. Préférant le fuselé au potelé, l'adieu à Martine Carol et le bonjour à Jane Fonda n'avaient rien pour me

fâcher. Malgré la diversion rassurante d'Astérix et d'Obélix (qui avaient déjà donné un ter-
rible coup de vieux à Fripounet et Marisette),
je compris seulement, mince acquis, que tout
devrait à l'avenir se faire et se dire «à l'américaine» : le journal télévisé, les campagnes électorales, la sauce tomate, le blue-jeans à l'Opéra,
le Che en poster chez les ados. Qu'il faudrait
s'interpeller par son prénom, salut Helmut,
Hi John, y compris entre inconnus, et ne plus
parler des années 1960, mais des *sixties*, de
l'hebdomadaire, mais du *news magazine*, d'un
«couple de malfaiteurs», mais d'une *dream team*
(le ministre et la célébrité). Et que les nouveaux nobles se reconnaîtraient au port non
de l'épée, mais des initiales : après VGE comme
JFK, JJSS, PPDA, BHL, DSK, etc. Les dominants
en Europe épousent les mythes de l'Amérique
du Nord, les dominés, ceux de l'Amérique du
Sud. Là où *time is money*, les initiales font des
économies d'espace et de temps. Là où rien ne
presse, on peut encore garder son nom.

L'ère chrétienne reposait sur deux piliers :
la communion et la souffrance. Pour arriver au
but, il faut 1) prendre des beignes, 2) se tenir
les coudes. *Primo*, l'accomplissement collectif
passe avant l'épanouissement personnel et nul
n'expiera ses péchés qui n'ait rejoint sa paroisse,
un parti, la section syndicale ou l'assosse du

chef-lieu. *Secundo,* toute promotion suppose un stage calvaire, une case carême, une halte au désert. Un patricien imberbe sautant sans coup férir du château au palais, sur la foi d'une douche torse nu, d'un accordéon et d'une petite culotte de footballeur, scie d'emblée les deux pilotis du credo collectif. Les jeunes gens bien nés n'auront plus à faire la plonge au restaurant ou le gigolo dans un dancing pour payer leurs études. Directement, à vingt-cinq ans, associé-gérant chez Lazard, câblo-opérateur, ou directeur d'Havas Worlwide. Adieu la bure et le cilice : le dimanche de Pâques sans Vendredi saint. Un christianisme à l'américaine, pour managers, sans chemin de Croix ni Passion, pro-*business* et pro-bonheur. Le christianisme du bercail est une religion de pauvres hères, dressée contre les puissants sur leur siège et les riches dans leur gloire. C'est Lazare, un traîne-savates, que Jésus choisit de ressusciter, et le plus beau sermon de Bossuet, prononcé devant saint Vincent de Paul et des duchesses bijoutées, a pour titre *De l'éminente dignité des pauvres.* Aussi tenait-on pour acquis, jusqu'en 1974, que «la destinée d'un peuple se compose de ceux qui visent à la gloire et de ceux qui visent à la fortune». Cette division du travail jugée antiéconomique, chacun put assister, dans une relative bonne humeur, à la fusion de ces deux catégories d'ambitieux en une seule. Il devenait dès lors possible d'afficher l'ignoble mot de réussite en plein cœur de l'Université, où *La Cité de la réussite*, festival de l'arrivisme, accueillera bientôt « les plus éminents acteurs de notre société actuelle », parmi lesquels ceux qui ont su mieux que d'autres piétiner leurs congénères pour occuper les écrans. Place aux nouveaux baladins de l'Occident ex-chrétien : le commercial de bord et le capital-risqueur. Un fondu enchaîné devait peu après, dans la cour de la Sorbonne, faire sourdre des photos de Marx et de Trotski celles de George Soros et de Sharon Stone. Les *rich and famous* n'ont jamais manqué de lieux de rendez-vous. Que leurs congratulations se qualifient de « citoyennes » et que la chancellerie des universités puisse prêter le temple du savoir à ces obscénités racoleuses sans offusquer personne marque sans conteste une césure dans l'histoire des mentalités. N'est-ce pas devenu un *must* pour qui s'est fait une gueule et un nom (par ordre d'entrée en scène) que de venir faire rêver par une apparition la garde montante ? « Comme on fait un rêve, on fait sa vie », disait Hugo. Ça promet.

De quoi ces défilés de mode furent-ils le nom ? D'un Béhémot surgi du fond de l'abysse : l'advenue de la *quantité* comme juge suprême des qualités, rendant toutes valeurs de ce monde commensurables, commutables et computables. La France cessa d'être une personne pour devenir 1 % de la population mondiale ; sa mythologie réveille-matin, l'autosuggestion des fruits secs ou une pastorale pour demeurés ; l'échelle des PIB dans le monde, le palmarès de l'*homo sapiens*; le *top ten*, notre gratin. Désormais, à tout rassemblement, expo ou parole, à toute œuvre de l'esprit seraient désormais associés un pourcentage ou un taux de remplissage, un nombre d'entrées ou de clics, et à cette courbe de ventes ou d'audience, une courbe de profits. On ne dira plus « quoi ? », mais « combien ? » Les réputations auront leur baromètre, les personnalités leur altimètre (« en hausse » ou « en baisse »), et les poètes un zéro pointé dans la liste des meilleures ventes. « Un mauvais chiffre », et vous voilà à la rue. Mais le nombre livré à lui-même serait trop rebutant, trop aride et masculin s'il n'avait l'image à son bras. C'est ce condominium qui rendit la nouvelle ère irrésistible. Comme le *business* a pris la charité en croupe, le comptable a pour escorte, et excuse, le photographe. Ce dernier, devenu auteur, conquit alors la signature (les photos officielles des présidents, avant 1974, n'en avaient pas), et l'art photographique devint le premier de tous, le plus couru et le mieux fréquenté. Les *Choses vues* le seront désormais par Lartigue et

Depardon : ce seront eux les grands témoins de l'époque, ce qui ne manque pas de logique, avec pour corollaire une prime aux m'as-tu-vu et une mise au placard des m'as-tu-lu de jadis, ainsi que des moches, des vieux et des sans-dents. La surexposition des uns et la sous-exposition des autres redistribuent les cartes, privant de tout espoir de postérité les hommes sans visage ni compte en banque, serviteurs de l'État, Petits Frères des pauvres, officiers généraux et ingénieux inventeurs de métamatériaux. L'image à tout-va punit les bosseurs et les méticuleux, décuple en librairie les linéaires « développement de soi », peaufine la carrosserie plutôt que le moteur. *Packaging* d'abord. La priorité à l'emballage permet aux musiciens, aux écrivains, aux artistes de se rendre plus intéressants en montrant leur bobine au moment même où leurs œuvres perdent tout intérêt. La gueule en gros plan (ça tombait bien : je n'avais plus grand-chose en stock).

Dès lors que le prétendant au *Petit Larousse* est tenu de faire le joli cœur devant l'objectif, avec un *cheese* de commande, d'épouser le *mainstream* pour ne pas tourner vilain petit canard, de rester jeune parmi les jeunes, toujours *cool* et *sympa*, on peut tranquillement renvoyer nos héros au cabinet des Antiques, les Archives nationales en Seine-Saint-Denis, et inscrire à la une du *Monde* ce cri de victoire : « Nous sommes tous Américains. » En clair : une fin de partie.

Ne nous lacérons pas le visage. L'an 1974, ce ne fut après tout qu'une étape dans le rétrécissement de l'Hexagone. Un changement de portage, et de dynastie régnante. Favorable aux managers et aux jolis minois, défavorable aux profs et aux sales gueules, ainsi qu'à tous les toqués, les excentriques et les tordus qui, de loin en loin, font dérailler le train-train. Les photographes ont gagné, les polygraphes ont perdu. Le sempiternel « gagnant-gagnant » est un attrape-nigaud. Au début de l'ère chrétienne, ce que gagnèrent les âmes, les corps l'ont perdu, avec la fermeture des thermes, stades, bains publics, gymnases et Jeux olympiques. Quand se clôt l'ère chrétienne, ce que les âmes ont perdu, les corps l'ont regagné : stades géants, régime minceur, crèmes ayurvédiques, clubs de gym, instituts de beauté, *bio centers* et sport spectacle. Excellente nouvelle pour l'industrie cosmétique, les coachs et les footballeurs, les chirurgiens esthétiques, les arts et métiers des gloutonneries optiques. Mauvaise nouvelle pour les moins-que-rien en bleu ou blanc de travail, métallos, prêtres, lieutenants, ouvriers du livre, infirmiers, chercheurs et autres palotins. Mais ne nous leurrons pas. On ne démantèle pas les forteresses masculines qu'étaient l'Église et l'armée sans frôler l'opération chirurgicale. Quand un pays passe, en un demi-siècle, d'un millier d'ordinations par an à une soixantaine, et de plus sans soutane, qu'ont disparu de nos rues dans le même laps de temps les képis d'officiers, de machiste qu'il était, le pays devient transgenre et, dans l'obscur de son âme, change de sexe : il se meut dans le même espace, mais non plus dans le même temps. On avance, on avance ? Non, on recycle et on fait cercle — celui « de la raison », de l'Interallié et des alternances sans alternative. La flèche était chrétienne, le cycle est païen, et le retour éternel devient l'art de tourner en rond.

Le retour en grâce des dieux du stade et des Aphrodites nombril à l'air, suivant de peu la messe en français, c'eût été le moment de couper le cordon avec la morte. De se faire Chinois, taoïste un jour, taoïste toujours. De ne plus faire le mariole pour pouvoir monter dans un train vide, sans conducteur ni destination. D'observer en silence une fleur de prunier pourpre, au bord d'un lac bleu ardoise où deux hérons blanc cendré picorent des petits poissons rouges, en compagnie d'une belle brune aux yeux verts. Le meilleur remède au mal d'Histoire, n'est-ce pas le mal d'amour sur un lavis de l'époque Ming ?

Il en faut du temps, pour croiser vers la Chine.

X

«Il voyagea.» Il connut la mélancolie des paquebots, les froids réveils sous la tente, etc. Il fit le dur apprentissage de la gaieté sans espérance — qui vaut mieux que l'inverse, finalement. Et il en vint à se demander, accoudé au bastingage, à force d'amertumes et de sympathies interrompues, si ce qu'il avait pris pour une malformation congénitale, n'était pas, somme toute, une avance sur recettes. Et son retard à la naissance, un cadeau du Ciel. Pourquoi singer une énième fois le grincheux Polycarpe: «Dans quel siècle, mon Dieu, m'avez-vous fait vivre? — Dans le meilleur possible, cher ami, votre guigne vous en a donné deux pour le prix d'un. Félicitations.» Regardons-y à deux fois, en effet. Grand privilège pour une fin de série que de pouvoir apprécier les prototypes de la série suivante, et comparer sur pièces les mérites de ce qui s'en va et de ce qui nous arrive. Avantage d'une lamelle de temps faufilée entre deux âges : saisir une queue de comète d'optimisme prométhéen, quand on jugeait encore bon d'araser les reliefs à coups de grands travaux, barrages, centrales nucléaires, viaducs, tunnels, canaux, autoroutes — tout en vivant l'anxieux début d'un âge chlorophyllien, qui a lié son sort aux microparticules, aux éoliennes, aux cigognes et au principe de précaution. Victime de l'empreinte carbone et des déchets nucléaires incasables, Prométhée a mal au foie et s'esbigne, un peu penaud. Gaïa, requinquée, revient en force. Vantez-vous plutôt d'avoir pu épouser sur un seul demi-siècle deux idées-forces, la justice et le climat. Une reconversion à mi-chemin, ça permet de changer d'air. Un œil côté poupe, un autre côté proue, cela vaut bien un torticolis, non ?

Alors, bien venu le Nouveau Monde ? Bienheureuse, la catastrophe ?

De toute façon, elle est là et bien là, cette France où l'on est reçu au concours de secrétaire des Affaires étrangères en ignorant les noms de Vergennes, Talleyrand et Aristide Briand ; où un heureux candidat peut situer Richelieu au XIVe siècle et un historien bac + 5 de l'université Marc-Bloch ignorer comment ce dernier est mort. Il faut apprendre à faire ses adieux à la dame comme un grand, tout seul, sans cellule de soutien psychologique. On peut même y trouver son compte, sans trop noyer sa peine dans des demi-croyances pour demi-deuil. L'espoir en surdose, ça tournait toujours mal.

Les annonciers de la marche en avant de l'humanité, à l'orée des Lumières, nous avaient promis que l'homme historique attendait l'homme éternel au bout de son tunnel, et c'est l'inverse qui est arrivé. Vieilles barbes et vieilles lunes ont rajeuni, le revoilà, l'homme sans âge, l'archétype tel qu'en lui-même. Non, camarade Sartre, les Justes ne vont pas au triomphe ni les pécheurs aux châtiments ; l'apurement des comptes n'aura pas lieu ; il faudra s'habituer, sinon à « mettre une espèce d'éternité dans un seul beau jour bien vécu », exercice improbable, du moins à poursuivre cahin-caha, sans jour de gloire au bout du chemin de nos peines. On apprit un beau jour que Dieu était mort, et on n'en est pas mort (enfin, pas tous). On pourra bien se faire à l'idée que l'Histoire a connu le même sort en s'éclatant en cent petites histoires, incomparables, dépareillées et passionnantes. Sans bouquet final. Ce ne sera pas facile, j'en conviens. Sans rail ni terminus, ne va-t-on pas se mettre à baguenauder, se complaire à tout et à n'importe quoi, sans critère ni repères ? Et si tout devient également dérisoire, matière à persiflages et à guignolades, pourquoi se gêner et ne pas demander 100 000 euros au Qatar pour une petite conférence? Le démon de l'absolu nous a quittés en emportant dans ses bagages le noir et blanc, bon débarras; tant pis pour l'amour immodéré du vrai, qui fait le fanatique, et tant mieux pour les nuanciers et les étalonnages. Mais la remise à l'horizontale d'une société de consommateurs impatients voulant tout, tout de suite, ne fait pas que décourager l'épargne et l'investissement en encourageant les achats d'impulsion, voire à piquer dans la caisse. Elle devra faire face à l'insurrection meurtrière des verticales refoulées aux confins, dont le feu sacré viendra nous lécher les pieds. Et tenter, à domicile, d'échapper à l'ennui de notre nouvelle triade: compétitivité, productivité, rentabilité. La chair est triste, l'horizontale aussi, surtout quand on ne lit plus de livres; et les distractions du cynisme assez limitées. La question au fond est de savoir si un Occidental peut briser le moule chrétien sans devenir un salaud. Vaste question. Laissons les philosophes y réfléchir à tête reposée. Ils ont l'habitude et le jargon pour cela. Chacun son niveau et ses urgences. Je m'en tiens aux questions d'organisation. Comment rester fidèle à sa jeunesse dans un monde où un dîner intéressant est celui où l'on ne parle pas de politique?

Organiser ses fatalités, n'est-ce pas ce que l'on peut faire de mieux ?

Commençons par le petit bout de la lorgnette. La profession d'auteur (dans la mesure où l'on peut la distinguer du bruiteur) n'a pas grand-chose à redouter de ce glissement d'un monde où les morts gouvernaient les vivants vers un autre où les morts doivent obéir au doigt et à l'œil à des vivants tête en l'air. Les littérateurs ne laisseront pas d'être plus enclins à converser avec les spectres qu'avec leurs voisins de palier : le violoncelle paye mieux que le tuba ou l'aubade. Sous l'angle artistique, la prospective est un coupe-jarret. Nous avons un rapport intellectuel à l'avenir du genre humain, et un rapport affectif à notre passé. D'où la précarité des « projets de société », dont la date de péremption est à peu près celle du yoghourt. Les futuristes moisissent en silence sur nos étagères, Chateaubriand, l'incurable féodal, le dévot de l'ancienne race, chantonne insolemment. Comparez même, chez de Gaulle, ses *Mémoires de guerre* avec ses *Mémoires d'espoir*, où l'on bâille un peu. L'élégiaque donne des couleurs, l'espéranto délave. D'où des taux de mortalité très inégaux dans notre corporation. Les poètes tiennent mieux le coup que les pamphlétaires. Ils ne sont pas datés. Quand on écrit de tête, on écrit comme un pied. Quand le cœur s'en mêle, on prend moins de risques. Considération peu glorieuse, soit, mais, dans le malheur collectif, à chacun son bonheur : *dura lex sed lex*.

Quant au racornissement du grand art politique en recettes de gestion, ne nous rend-il pas service ? Ce management bas de plafond a mis fin aux envols inutiles. Influer sur l'agenda du Prince, jouer au Père Joseph ? N'y pensons plus, les amis. Avec les nouveaux distributeurs automatiques de visibilité sociale, le chanteur, le tennisman, l'actrice, le chevalier d'industrie et l'animateur télé nous ont soufflé la place, et c'est tant mieux. Du tout-bénef, comme ils disent. Pour le minus appelé ministre, qui n'a plus à se prononcer sur l'existence de l'Être suprême et l'immortalité de l'âme, mais à ramener le déficit à 1 %, c'est un supplément d'espérance de vie. On ne donne pas sa tête à couper pour ce noble objectif. Et pour nous, les dentellières en chambre, c'est un retour à notre cœur de métier : tirer au jour les zones non médiatiques de l'existence, nos secrètes permanences, nos façons de marcher et de rire, l'échelle des gris des toits de Paris, le visage abandonné des endormies. Sans doute, pour nous donner l'illusion d'avoir encore une place à table dans une haute société qui ne croit plus qu'en ce qu'elle voit, les besogneux du point de Venise peuvent toujours travailler leur *look* pour déposer la marque (chapeau à fleurs, chemise blanche, mine dégueu, cheveux longs, mèche sur l'œil, écharpe rouge, etc.). Mais soyons sérieux : ce qui fait du chiffre, quand les Lumières sont indexées sur les pixels, c'est le *message fort*, véhiculé par l'*image forte*, transmettant un *moment fort*, et dans cette course au coup de poing, la page blanche n'est plus compétitive. Que pèse un édito à côté d'un otage décapité ou d'un cormoran mazouté ? Un manifeste à côté d'une caricature ? Une thèse de cinq cents pages à côté de la petite phrase, aussitôt reprise ? On ne se fait plus lire si l'on ne se fait plus voir, et l'on ne parle plus que de ce qui s'exhibe. L'image ou le néant. Vouloir se faufiler en tiers dans le couple amoureux du président et de la journaliste pour tenir la chandelle exige un entregent, une veille aux remparts — et un sens du marketing — assez étrangers à notre métier. À moins de mettre sa fiction en prise directe sur l'actualité, façon Houellebecq, en scénarisant l'air du temps pour le plus grand bonheur des chroniqueurs et des politiques, l'œuvre littéraire devenant une sorte de journalisme augmenté, dépaysement minimal, écho maximal, ceci parce que cela.

Tout un chacun déplore, chaque jour que Dieu a cessé de faire, que l'on n'ait plus de quoi se projeter dans l'avenir, ni dirigeants visionnaires, ni idéologies pilotes. L'arrogance du présent nous a du moins soulagés d'une langue de bois, celle de monsieur-ce-sera-mieux-après, qui peut rivaliser sans peine avec monsieur-c'était-mieux-avant, « *O tempora, o mores,* ô triste monde réduit aux acquêts, livré aux *hashtags* et sans ligne de fuite ! » Certes, la longue vie que les âmes, il y a mille ans, se donnaient dans les cieux et, il y a cent ans, dans les siècles, doit se borner désormais à l'année fiscale ou judiciaire. Eh bien, songeons aux parfums de nard et aux lys entre les ronces que l'attente du Jour J nous a empêchés de cueillir, laissons résonner en nous le Cantique des Cantiques, regardons briller sous leur voile les belles gazelles du Liban, et demandons-nous s'il vaut mieux juger le présent à l'aune de l'avenir auquel on croit ou du passé auquel on tient, plutôt que de humer à temps les grappes de raisin et les bouquets de myrrhe avant qu'ils ne s'enfuient. Est-ce vraiment une mauvaise nouvelle qu'il n'y en ait plus de Bonne à espérer ? Ni d'aurore boréale à guetter par un trou de serrure ? La guerre civile, éventuellement ? S'y préparer, oui, s'il le faut, à tout prix. On ne baissera pas culotte, le moment venu, mais plus question de s'en obséder. La masturbation rend sourd, et l'avenir, aveugle.

Il m'est arrivé un jour de partager un cassoulet avec l'organisateur de la rafle du Vél' d'Hiv', sur une terrasse ensoleillée à Toulouse. Je pensais si fort à l'élection présidentielle du lendemain et à tous les bienfaits qu'une victoire des Justes sur les injustes répandrait sur les populations que j'en ai oublié de demander à François Mitterrand que j'accompagnais dans ce déjeuner à quatre qui était ce monsieur si convenable et bien mis qui escortait une indispensable patronne de presse. L'avenir, Viagra des meneurs d'hommes, je ne sais s'il améliore la performance, mais j'ai appris qu'il nous brouille la vue, en quoi d'ailleurs il nous rend service. L'histoire que nous nous racontons *in petto* nous permet d'affronter celle que nous vivons les yeux grands fermés. Comme un contre-jour, le lendemain qu'on a en tête floute l'instant présent. Très bon pour sortir de la tranchée. Le moral des troupes s'en tire mieux que la morale tout court.

Et au fond, ce que nous avons perdu en plans larges et profondeur de champ, faute d'un soleil moral baignant d'une même lumière tous les enfants de la famille, ne peut-on le rattraper à force de plans serrés ? Quand vient l'heure de l'ultime désherbage de sa bibliothèque, du choix angoissant entre ce qu'on largue et ce qu'on lègue. Nicolas Bouvier, Pierre Michon et les vies minuscules ont tendance à remonter les étagères, en sautant par-dessus les Vies majestueuses et les saints de vitrail. Puisque l'on n'a que le choix de ses échappatoires, situer son merveilleux dans l'île d'Aran ou la Khyber Pass plutôt que dans la Longue Marche ou la retraite de Russie, interroger du regard, sans piper mot, le cordonnier japonais dans son échoppe plutôt qu'une fantasmatique reine de Saba, ce n'est pas choisir la plus mauvaise voie. On surmonte mieux l'éphémère en fredonnant qu'en déclamant. Je ne voterai plus Sarah Bernhardt ni Greta Garbo. Je vote Charles Trenet et Juliette Greco. Adieu les grandes orgues. La mise sur Miles Davis et sa trompette bouchée.

Dans l'immédiat, tourner le bouton quand arrive l'heure des infos exige un peu d'abnégation. On se libère plus facilement du sexe et de la coke que de la curiosité du lendemain. Pas de pilule anti-attente. Mais contre le retour des prophètes, il y a un remède possible : l'usage du monde, et l'affinement des moyens de capture. On s'opère de la cataracte en s'opérant d'une majuscule. À trop donner de la chair à une ombre, n'est-ce pas la chair du monde que l'on rejette dans l'ombre ? Cessant de faire anti-chambre, on découvre le jaune des jonquilles, le blanc cassé des troncs de hêtre, le vert char-treuse des euphorbes du jardin. À la bonne heure. On ne sait plus où l'on va quand on ne sait plus d'où l'on vient ? Oui, alors tâchons au moins de savoir où l'on met les pieds. Estompés dans la brume les quarante rois qui ont fait la France, avec le moulin de Valmy, le ballon de Gambetta et les grottes du Vercors, qu'est-ce qui ressort ? L'alphabet de l'écorce terrestre et le *Guide du routard*. Des recoins à visiter, des trains à prendre et des côtes à grimper en vélo. À nous l'ortie et l'araignée, le cresson et le calisson, le canard et le hérisson. Moins de flou sur les hauteurs, c'est plus de piqué sur la pâquerette, les abeilles et les ânes. Précision, brillance, intensité : les vertus cardinales du défroqué en rupture d'espérance, vertu torturante quoique théologale. Et voilà une autre raison de se réjouir : brisées les chaînes de l'expectative, le monde retrouve ses bosses et ses plis, comme si la bête humaine ne pouvait se donner à la fois à l'espace et au temps — ce temps ferroviaire, sans marche arrière ni chemins de traverse qui s'appelait Progrès. Nos messies avaient un talon d'Achille : ils ne faisaient pas de géographie. La suicidaire indifférence à l'anticlinal et au synclinal, le point mou sur l'aire d'atterrissage, j'en ai vu les conséquences en Bolivie. Le choix de la zone d'implantation de la guérilla fut fait par l'entourage, sur un coup de dés. On ne s'attarda guère sur les cartes d'état-major.

Les deux zones que j'avais explorées au préalable, en ramenant à Cuba un descriptif assez précis — reliefs, climat, état des routes, villages, rivières, garnisons, réseaux militants, sources de ravitaillement, etc. —, eussent été, je crois, plus favorables à l'installation d'une avant-garde, à sa logistique, à ses liaisons avec les centres habités, mais la question fut jugée secondaire, et le dévolu jeté *in extremis* sur une zone aussi inextricable que dépeuplée, et pratiquement pas cartographiée. On se flatte, nous autres, les comparses, en répétant que «notre héritage n'est précédé d'aucun testament». Erreur. Nous en traînons deux après nous : l'Ancien et le Nouveau, et l'Histoire sainte qu'ils nous ont léguée est sans géographie, sans indications de climat ou de distance, sans courbes de niveau ni passages à gué. Tout à leur projet, les confidents de la Providence, profane ou non, se fient trop à leur bonne étoile pour faire attention aux moustiques, aux serpents, à la malaria, à la canicule ou à la neige et les voilà un beau matin piégés dans des coins impossibles parce qu'ils n'ont pas trop regardé la carte. L'espace est la malédiction des êtres hantés par le temps.

Il n'est sans doute pas facile de recoller les deux moitiés du programme, la fabrique de l'homme nouveau et l'examen du manteau végétal. Une chose, quand on n'en a pas eu, est de souhaiter retomber en enfance, qui est un état d'esprit, une autre d'en avoir la capacité au versant de sa vie; et c'est bien dommage qu'il faille perdre ses jambes quand on retrouve ses yeux. «On ne devient géographe, disait Vidal de la Blache, que vers soixante-dix ans», l'âge où l'on cesse de s'énerver et à partir duquel il n'y a «rien de mieux ici bas que les paysages, les instants et les femmes», mais trop tard: les gambettes font grève, plus moyen de courir les GR et la gueuse. Les *Guides Bleus* sont bien là, avec les cartes Michelin, mais le cul de plomb aussi. À se demander, *horresco referens*, si les zazous qui avaient vingt ans sous Pétain, dans une France interdite d'histoire, n'ont pas eu la meilleure part. Pénurie d'essence, trains bondés, motte de beurre à la ferme: ne restait à nos aînés cyclistes qu'à opposer le bonheur des lieux aux malheurs des temps en pédalant, les fontes pleines, sur les chemins vicinaux de l'arrière-pays. Le cul-de-jatte motorisé sur autoroute arrive en retard à la beauté géodésique. Il peut se rattraper en se rééquipant *Au Vieux Campeur*, godasses à tiges et bâton ferré.

✧

Alexandre le Grand, Roland le Preux, Godefroy de Bouillon, Lazare Carnot, Charles de

Gaulle, une bonne nouvelle : la quille ! Je vous donne congé, vous avez quartier libre. Et je ne vous dis pas merci. Si vous ne m'aviez pas fait sentir vaguement coupable de ne pas avoir été là au moment où vous y étiez, ou de n'avoir pas fait ce qu'il fallait pour vous voir revenir parmi nous, j'aurais mis pied à terre un peu plus tôt. Mais vous m'avez tant collé au train, l'épée dans les reins, qu'un coquelin gobeur de coqueci-grues a fini par déchoir dans la hauteur de vues et les pensées de survol. Vous voyez où ça fait trébucher, le plaqué or, la taille au-dessus, la légende des siècles. « Ô roi, je t'attends à Baby-lone... » Ô sagas fumeuses, fresques, frises et falbalas... Si ma plume d'oie a trop bavé sur le papier journal pour aspirer au papier bible, c'est pour ne pas vous avoir expédiées dare-dare au grenier. Ce qui m'eût permis d'arriver plus tôt et cette fois sans faire la gueule à la foire du Livre de Nogent-le-Rotrou, terminus tout le monde descend, pour signer à mon stand deux ou trois bouquins dans la journée, pas plus, c'est ma moyenne.

Dérisoire, cette micro-histoire, mais d'intérêt public, j'ose l'espérer, tant il y a de septuagé-naires (et au-delà), plombiers, planeurs ou plumitifs, que la même question réveille en pleine nuit : « Pourquoi n'ai-je pas fait ce que j'avais envie de faire ? Comment ai-je pu rater mon coup à ce point?» Réponse en ce qui me concerne: pour avoir marché à la majuscule comme l'âne à la carotte. Un fantôme vernaculaire, qui en a berné plus d'un, n'est-ce pas, mes compères en complaintes, mes libellules au bord du fleuve? Vous vous demandez pourquoi quelques pages susceptibles de vous survivre n'ont pu sortir de vos entrailles d'hyménoptères? Ne cherchez pas. Vous avez, vous aussi, croisé un beau jour notre folle de Chaillot, notre ensorceleuse maison, avec «son regard d'émail et ses souliers montants». Elle avait le phrasé de Sarah Bernhardt ou de Malraux au Panthéon, s'écoutait parler, psalmodiait le *e* muet, et ses baisers au loin vous ont suivi. La douairière à hauts talons, Madame H. comme haschich et hallucination, H. comme honte et humiliation, celle qui fait aller le candide à cheval, sur un tank ou un petit nuage, avec un heaume, des éperons d'argent et le mot de Cambronne, celle que j'ai pourchassée cinquante années durant pour n'étreindre au finale que son ombre. Pas de pleurnicheries: il n'est jamais trop tard pour se désintoxiquer.

Il en coûte cependant, car on revient de loin. Une mise sous observation à quatorze ans au Trocadéro, sous la lorgnette d'un maréchal Foch droit dans ses bottes, et un demi-siècle ensuite pour admettre que les Beatles ne sont pas moins historiques que les chevaliers de la Table ronde, c'est être long à la détente, j'en conviens. Je ne fus pas le seul à lambiner ainsi. Les maréchaux ceinturent Paris de leurs boulevards, et aucun Parisien n'y voit malice, pas plus qu'aux bustes conchiés des guichets du Louvre, et aux percherons des places royales. Sous l'ombre portée des palefrois de bronze et des couv' de magazine, comment aurais-je pu envoyer notre généralissime à la casse pour dresser à sa place un congélo en marbre ou un micro-ondes géant? Le frigo a libéré les femmes, en les soulageant de faire la queue chez l'épicier chaque matin; le micro-ondes a émancipé les hommes, qui n'ont plus besoin de femmes pour se restaurer. Nos ingénieux ingénieurs n'ont pas de nimbe autour du crâne; ils ont renouvelé la condition humaine avec des bidules géniaux, quand de plus glorieux perpétraient des massacres largement inutiles, sans bénéfice notable pour l'espèce. Mon programme de demain, dès mon élection à la Mairie de Paris: place des Victoires, remplacer Louis XIV à califourchon par Denis Papin, contemporain non moins remuant, mais plus prometteur, à qui l'on doit le premier piston à vapeur. Place Vendôme, descendre Napoléon de sa colonne, il a loupé le sous-marin et l'automobile, la grue y hissera Jacquard, le métier à tisser, d'où naîtront nos cartes perforées. Avenue Clément-Ader, place Alan-Turing, carrefour Pincus, rue Salk, cours Étienne-Baulieu... Verbiest, Cugnot, Edison, Boole n'ont pas fait événement. Je cite ces noms parce que nous voulons en avoir pour notre argent, donner un visage à nos bienfaits et ne pas nous être dérangés pour rien. Mais si nous avions honoré nos dettes envers le bec de gaz, la roue dentée, l'ampoule électrique, la voiture sans chevaux ou la pilule du lendemain, peut-être aurions-nous pu détacher les yeux des importants sans importance et des puissants impuissants. Je tiens d'un Africain gorgé d'Histoire (auquel le Blanc qui vient d'en sortir reproche de n'y être pas entré) qu'un arbre qui tombe fait plus de bruit qu'une forêt qui pousse. Pourquoi donc avoir voulu d'une boîte à chagrins faire une boîte à musique ? Pourquoi les moments et les hommes les plus dignes de mémoire sont-ils ceux auxquels nous dressons le moins de monuments ? Et pourquoi braquer les projecteurs sur ceux qui ont confisqué le marché de l'avenir quand ils n'ont plus aucune prise sur lui, nos malheureux élus, qui ont fait leur le plus vieux métier du monde (en costume cravate dans un palais et bientôt en petite tenue sur un trottoir). Ce serait eux, les acteurs de l'Histoire, quand ceux qui font avancer les choses sans retour en arrière possible ne seraient que des comparses ? Consentir à cette idiotie consensuelle, c'est brouter avec le troupeau, comme un gogo. Ou, si l'on juge que j'en fais trop, un étourdi. Les types comme moi, « Qui les aurait ouverts, ainsi qu'un porc lardé, on aurait en leur cœur la fleur de lys trouvé ».

Et pourquoi juger son pays minable s'il est en train de devenir mineur, lui aussi, avec des interchangeables à sa tête ? Cette banalisation a déjà affecté maints peuples en tout point dignes de mémoire, et qui ont rempli honorablement leur contrat : Pascuans, Austro-Hongrois, Mongols, Bataves, et d'autres. Ainsi va la dégradation de l'énergie. Deux cas de figure dans l'entropie du monde : soit le déclinant refile le témoin au mieux portant de l'équipe pour relancer l'affaire, Byzance à la Russie, l'Autriche-Hongrie à l'Allemagne, le Portugal au Brésil, l'Angleterre aux États-Unis, etc., soit l'essoufflé disparaît sans trop s'occuper de ses archives, l'Atlantide sous la mer, l'Empire inca ou le Royaume zoulou. Ma vacillante République oscille entre ces deux options : elle a cru pouvoir se prolonger en passant le relais à une Europe idéale qu'elle rêvait à sa main. Il en est sorti un ectoplasme, capitale Berlin, et voilà qu'elle se cherche un mieux-disant, un « narratif » un peu plus valorisant.

En attendant le bon repreneur, pour rester compétitif, on astique la « marque France », tables trois étoiles et sacs Vuitton. Nous ferons donc dans le pointu, tant l'œuvre d'art s'aiguise dans les bleds et les nations dites « mineures ». François d'Assise s'est grandi en créant l'ordre des Frères mineurs. De plus prétentieux que lui ont dû quitter la scène. François l'occupe toujours, et fort bien.

Frère mineur, délivre-nous des grandes ombres, donne-nous de denses petites surprises à ciseler.

Reste un incident difficile à remiser au magasin des accessoires, mais qui, lui, au moins, ne nous fera pas faux bond. La nécro, le couic, l'arme à gauche. L'apocalypse à la portée des péquenauds. L'anicroche mérite un instant de réflexion, je l'admets. Mais de même que l'embrasement final du monde ne sera jamais un événement puisqu'il n'y aura plus personne pour le raconter, je me permets de faire observer que ce n'en sera pas non plus un pour le soussigné, et pour la même raison. Précautionneux, je me suis certes acquitté de mon capital obsèques (à partir de 4,32 euros par mois, étude personnalisée), mais pour l'après, profil bas. Je pardonne d'avance aux absents. Les qui auront un rendez-vous avec le podologue, le masseur ou le coiffeur, les qui ça tombe mal, les qui n'en ont plus rien à foutre, les qui ne supportent pas les cantates de Bach. Dans la petite nef aux trois quarts désertée, je leur ferai bien sûr, du fond de mon sapin, mon numéro préféré, on ne se refait pas. «Alors, mes coquins, vous étiez tout pour moi et je n'étais rien pour vous? C'était donc cela, notre amitié? Bravo, les mecs, merci les filles.» Et j'embraierai sur le veuf, l'inconsolé, l'incompris. Philoctète en son île, Job sur son rocher, Dreyfus à l'île du Diable… «On me cache tout, personne ne m'aime, les méchants n'ont pas d'amis, et qui a toujours tout loupé ne pouvait pas réussir son départ», etc. Je vous mettrai le disque, un grand classique, il sonnera faux. Et pour cause: j'ai tant de fois séché la corvée quand la nécro me tombait dessus à l'improviste. Je vois beaucoup de chaises vides? Pourquoi vous en vouloir si mes trépassés, de mon vivant, ne m'ont guère manqué plus qu'une heure ou deux; si ceux dont j'ai cru qu'ils m'étaient beaucoup, une fois rayé leur nom dans mon carnet d'adresses, me devenaient légers, évasifs, impalpables, s'éclipsant poliment, sans revenir frapper à la porte ou si peu. Passé le concert gratis de musique sacrée (avec orgue et chorale) et plus fréquemment la joie de retrouver les vieux copains perdus de vue (reconstitution de ligue dissoute), au sortir de l'église ou du crématorium, tout au-dehors redevenait comme avant, impeccable ronron. Le monde est ainsi fait que, lui retire-rait-on en un éclair cent millions d'habitants suite à une explosion thermonucléaire, il n'y manquera jamais rien ni personne. Pas une place vide en plus à six heures du soir le lende-main dans le métro, ou sur le périph', ou dans la queue du cinéma. Croissance ou récession, soleil ou pluie, Paris restera plein comme un œuf tout neuf. Le «rien de moins ni de plus» ici-bas est un constat assez scabreux pour ne l'évoquer qu'en tout petit comité. Vous voyez : inutile de battre votre coulpe ou d'envoyer des mots d'excuse à la parentèle, filez tranquille en week-end dans votre campagne, je ne me vexe-rai pas, je suis déjà dans le secret.

Je n'aurai même pas la prétention de vouloir soigner ou signer ma sortie. Sans sudation si possible, sans tuyaux dans la bouche, sans cancer. En poursuivant l'idéal d'une belle mort, de celles qui transforment illico une vie en destin, et poussent tous les copains à venir à l'enterrement, oubliant aussitôt la masseuse, le podologue et la grand-tante de Perpignan. Une mort par balle, au champ d'honneur, sur contrat par un pro à moto, exécution sommaire, fusillé pour l'exemple, que sais-je encore. Une fin à la Guevara. Entre une sclérose en plaques et un djihadiste, entre un accident de voiture et un fou de Dieu, quel mortel serait assez imprévoyant pour hésiter une seconde? Las, rien ne sert de courir ni de partir à temps. Comme le coup de foudre et le gros lot, l'éclair arrive quand on y pense le moins. La bonne heure ou la mauvaise porte. *Maktoub!* Le hasard est un grand romancier, disait Balzac, qui s'y connaissait. On ne passe pas commande à un enfant qui joue aux dés.

Je n'ai pas déclaré Paris ville ouverte, ni contresigné le statut des Juifs. Je n'ai pas émis de CO_2 ni saccagé le front de Seine. Je laisse le péché originel aux malades de la mémoire. J'ai joué ma partie nez au vent, comme tout un chacun; perdu ou gagné, allez savoir; trois petits tours et puis s'en va; et ce mistigri, jusqu'à la fin des temps, qui n'ont, faut-il le dire, pas plus de sens que de fin, pas plus d'année zéro que de Jugement dernier.

Allez, ouste! la page est tournée, et qu'on n'en parle plus.

Composition : Entrelignes (64)
Achevé d'imprimer
par Normandie Roto Impression s.a.s.
61250 Lonrai, le 22 octobre 2015
1ᵉʳ dépôt légal : septembre 2015
Dépôt légal : octobre 2015
Numéro d'imprimeur : 1504813
ISBN 978-2-07-010803-9 / Imprimé en France

297302